只要改變

生活就有全新的可能

變

5%

用極其微小的行動，
打破慣性和困局

臨床心理師

張榮斌——審訂

心理學家

王心荷 著

U0029613

　　面對長年在心理諮商與治療的服務過程中，在超過 3000 場次的演講，以及書寫超過了一百萬多的文字上。我無時無刻在思考，當個案、聽眾、讀者朋友們接收了我所傳達的訊息後，接下來是否啟動他的執行力？

　　我常半開玩笑的說，親職講座、教師研習的保存期限，通常不會超過 24 小時。但如果想要延長賞味期限，最簡單的方式，就是結束之後，開始啟動自己的執行力。

　　有了執行力，給了自己一份改變的契機。有了執行力，事後再重新看待先前的這些想法、建議、文字等內容。我相信對當事人來說，會有截然不同的理解與透徹。

　　我非常欣賞自己一件事，當接受了一些看法、知識、建議，我就會想要嘗試看看。

　　當我行動了、執行了、修正了、微調了，這時融入了自己的經驗，往往就能內化成自我改變的養分。

　　人的一生中，得不時面對自我的存在，與原生家庭之間的關係。在工作與理想中如何拿捏與取得平衡。對於如走在鋼索上的

親密關係，以及盤根錯節、錯綜複雜的人際關係而煩惱不已。

此刻的你，是否也深陷這些困擾，感到窒息，難以呼吸？

我們總是想得太多，行動的太少。容易自我設限，把自己框在原地，動彈不得。

我們很容易啟動腦中的驚悚小劇場，嚇壞自己，而裹足不前。很容易自我預言失敗，最後驗證果然為真。

一句話，是否可以改變一個人？這一點，我深信不疑。

但這些改變的前提是，我們需要隨時自我覺察，自我思考，自我檢視，接著就是行動了。沒有行動，一切都是空談。然而要跨出這一步，對許多人來說，卻也是關鍵的困難。

我們須好好的善待自己，給自己一些寬容值，多些餘裕的時間。讓自己採取微調的方式，一步一步如同蠶食般的行動。

別期待自己突然間會有如鯨吞的變化。這很容易目標設定太高，讓自己陷入不切實際，反而衍生無能為力的挫敗感。

5%，只要改變 5%，就能為自己帶來改變的可能。

只要改變 5%，一點一滴的自我改變，讓腦中的想法化為行動。只要 5% 一點一滴的自我回饋，讓自己往美好的未來漸漸靠近。

全新的自己，正等著你的微笑蒞臨。

王意中心理治療所 所長／臨床心理師

王意中

　　改變，是對於心理困擾最佳的良藥，但站在改變面前，人們往往顯得無力，覺得自己無法改變週遭不友善的人，覺得自己無法讓自己的情緒變好，覺得自己無法獲得自己理想的生活等等，過了好一陣子，還是駐足不前。

　　曾有位個案前陣子入住新家，新房子大致上都算滿意，但他偶爾會在門口遇見鄰居，鄰居都沒有特別與他寒暄，反而有一種避著他的感覺，因此他開始有一些想像，覺得鄰居可能是對他入住前裝修所產生的噪音懷有不滿，所以因此生活的很不安穩，每天都小心翼翼，深怕又會發出噪音吵到鄰居，產生了很多焦慮的感受，甚至自己也開始躲著鄰居了。

　　對於此，我們起先是以認知行為治療的角度來討論他對於鄰居的想像，去探索他背後「這個世界不太安全」的信念，並且產生一些替代性的想法「雖然這個世界不太安全，但我擁有自己的生活空間。」，雖然這可以短暫緩解他的焦慮感，但是面對實際生活時，他還是小心翼翼、提心吊膽。

　　我告訴他：「你必須嘗試一件事，每次遇到鄰居，別急著

閃躲，微笑與他打個招呼再走！」，執行前他還是有很多顧慮，例如擔心鄰居不理他要怎麼辦？我說：「你先釋出善意，如果對方不領情，那就不是你的問題啦！」他才願意嘗試。

結果他回去做了這個動作後，鄰居也開始微笑與他打招呼，幾次之後，鄰居逐漸與他寒暄了起來，他那些對於鄰居的想像也就煙消雲散了。

我們對於生活有許多想像，只有去做去嘗試，才有機會去驗證想像或破除想像，並把自己導入向上的螺旋當中，不然就只是把自己困在想像中。去做去嘗試並不需要多大的改變，只要一個小小的動作便可以，從那一小步開始，你的生活就不一樣了！這正是李松蔚老師在書中想要傳遞給我們的。

走吧！只要你願意向前跨出一步，哪怕那步再小，沒有微不足道的改變！

臨床心理師

張榮斌

本書收錄我在二〇一九年到二〇二二年期間，我與個案的一系列來回問答，透過微信公眾平台集結、發布。讀者們（個案）向我提出他們生活中的困惑，而我則給出建議，但請收到建議的人務必於一周後回饋，回饋他們在生活中，是否藉由這5%的改變，進而產生變化。有了這些回饋，書中的每個「干預方法」都有了可驗證性。

我總共挑選了四十四個案例，每一篇都是真實的故事。但為了保護隱私，我刪去了具有個人識別度的資訊，同時也為了更好閱讀，簡化了一些比較冗長的生活細節描述。

但我還是盡可能還原這些事件的真實樣貌。尤其是那些被認為不可思議的變化、與預期結果相悖的回饋，以及改變後卻沒有任何回響的案件，都如實予以收錄。有些讀者在第一次回饋後，後續又補充了其他不同的進展，這些追加的回饋我也全部收錄進來了。

很多案例最初只是個人的困惑，但發表到網路上後，卻得到很多網友共鳴。整理成書時，我對這些引發過大量討論、思

考或爭議的案例做了整理，補充了一些感想。它們不只是證實了一次改變足以翻轉人生，還向讀者傳達了「改變」所具有的意義。

　　本書分為五大主題，每個主題的後面都會有一篇整理，歸納梳理了我的思考方式，期望這個「改變的工具箱」對各位能有舉一反三的啟發。

目錄　CONTENTS

發現自我的存在

CHAPTER 02 原生家庭的是與非

CHAPTER 03 工作與理想可以兼顧嗎?

CHAPTER **04** # 患得患失的親密關係

CHAPTER **05** 人際關係是煩惱的源頭

　　想讓這些個案成書始於一個非常私人的動機：我回答了讀者疑惑後，很想獲得回饋。對大多數讀者而言，問答並不是少見的體裁。經常有粉絲或是讀者們來信詢問他們對於人生的困惑，請教我的意見。我在回覆後連同問題，一起整理放在網路上，其他讀者看了這樣的問答，或許也剛好切中某些人的痛點，於是引起眾人共鳴的同時，也能為其解惑。

　　人生的道理看起來似乎真是這麼一回事！許多人也都有類似的癥結或困擾。但有一個疑問在我心中始終縈繞不去：個案本人真的會嘗試我給的建議嗎？對他們來說是否真的適用呢？他們的人生會因此得到改善嗎？

　　我在從事心理諮商時，有一條心中默默遵循的準則，就是不要在諮商中直接提供建議。這不是故弄玄虛，明知道答案卻非要賣關子。而是我相信，個案遇到的困境，絕非聽別人幾句話就能解決，或者說，如果幾句話就能解決的問題，也不至於會來求助。

　　要改變或是干涉一個人的人生相當困難，某種意義上心理諮

商師很像在打擂台，對抗一個名叫「慣性」的對手。它強大、狡猾、專注，有著不屈不撓的鬥志與自我修復的技能。哪怕是對其有益的變化，也會激發它強烈的抵抗，我稱之為「排斥反應」。

生活中一切帶來變化的、不熟悉的元素，所謂的「慣性」都會將其向外推，不惜調用整個心理系統，為自己編出一個合情合理的理由。正向的說這是一種人體自動免疫機制，用來規避可能會有的風險；但它也會成為另一種風險，讓那些對人有益的改變難以被保留下來。

但話又說回來，這些改變和建議，對個案來說真的有幫助嗎？這件事也值得懷疑。憑什麼認定個案按照我們的建議做就是好的？它是心理諮商師的主觀認識和個人偏好：我們認為什麼是重要的，習慣用哪些辦法解決困難。這偏好適用於諮商師，卻未必適合所有人。

所以我常常提醒一些初入此門的心理諮商師：如果實在有不吐不快的建議，你還是可以直接說，但是個案聽不聽或是做不做，當然就是另外一回事了。

老實說，我認為大部分的人都只是想傾訴，不一定會真的去嘗試改變。因為「慣性」自有它的脾氣。對外界灌輸進來的資訊，它會自動加以篩選：有些人聽過就會忘記，有些人則按

自己的方式強加註解，有些人雖然覺得你說的有道理，但卻認為自己做不到。總之，自找的理由百百款，最終留下的選擇，往往就是符合個案自身經驗的，換句話說，經常就是維持不變。

話雖如此，我還是在這本書裡殷殷叮嚀，對讀者們提出各種建議。這些建議大多是源於我這些年從事諮商工作的心得和經驗。一直以來，我都致力於發展短程的心理諮商，希望透過幾次談話就能引發一些變化，這樣才足以讓想要改變的人產生信心，而願意持續做下去。

這當然不是說，我比那些從事長程心理諮商（有些療程要以年為單位）的諮商師更能幹，只是我們各自選擇的方式和路徑不同。或許這些建議無法幫任何人解決問題，但我深深相信，當事人自己可以解決問題。最有用的辦法往往是靠自己找到的，只是很多人並沒有真的在找或是不知道怎麼找。所以即使身陷苦痛之中，他們也總是徒勞無功而且感到迷惘。我認為改變的關鍵是：走一條新的、不曾走過的探索之路。這就是我要做的嘗試：繞過慣性的阻力，請當事人嘗試從沒有做過的事情，因此獲得不一樣的經驗。

所以在本書中，我給每個提問的人都回覆了一段簡短的話。與其說是解答，倒不如說是進一步的提問，我邀請個案再次反思和探索，希望他們動起來。

我要求七天後回饋，請他們無論如何在這一個星期裡面做點事。這是一條簡單的真理：你想改變嗎？做點什麼吧！哪怕是微不足道的變化，也一定要從「做」點什麼開始。

　　採取行動者只能是當事人本人，誰都替代不了。你不能只是觀看一位健身 youtuber 的影片就改善你的體形，或是閱讀一份食譜就能知道食物的滋味。若你想要得到答案，就得自己找。

　　我知道很多人都喜歡用「思考」去尋找答案，認為這樣做更安全、無傷害，並且顯得更深刻和觸及靈魂。但要我來說，還是實際做點什麼更為管用。行動會直接帶來新的經驗。

　　我通常不太看重讀者對我在觀點上是否稱讚和產生共鳴，像是：「老師，你每句話都如醍醐灌頂。」或者說：「您說的真是太對了。」因為這些說法都像是在表達：「你說出了我一直認同的道理，很棒，但是我沒有什麼行動。」所以比起讚美和認同，其實我更想聽到讀者說：我也不清楚你說得對不對，所以我去試了。試一試，無論結果如何，至少有個結果。

　　我猜你已經發現，我是堅定的行動派。這本書也是一本「改變行動之書」。所有的答案都藏在這個 5% 的改變裡。採取行動即使不能直接解決問題，甚至可能、偶爾讓問題變得更糟，但它仍然有不可替代的意義，新的行動啟動了探索新經驗的過程。

　　當然，有一個常見的問題：雖然每個人都心知肚明需要改

變，但要採取行動真的很難。並不真的單純是因為「懶」，許多人為了維持一個不舒服的慣性，每天付出十倍、百倍的努力，但他們害怕「新奇」。這跟人類神經系統的偏好有關；我們把那些熟悉的刺激看成安全的，哪怕那些行為實際上是在傷害自己，卻一遍遍甘之如飴，而新的經驗無論好壞，都讓人如臨大敵。

我看過許多被舊有習慣困擾的人，反而更排斥新的嘗試，因為新的嘗試意味著更多不確定和風險。相比之下，他們雖然希望或期待透過書本、課程、演講等能得到一個答案，但是聽完往往說一句：「算了，我肯定做不到。」或者說：「我試過類似的方法，沒什麼用。」

有時候我也會收到這種特殊的「回饋」：我給出改變的建議，對方卻再也沒有回音。我認為這是在用一種無聲的方式告訴我：「你的建議對我來說太巨大，我頂多想一想，但肯定做不到！」

所以我發現大部分人願意嘗試的行動既要是新的，又不能太難做到，這就是「擾動」，要恰到好處的「刺激」，讓對方更容易啟動不同的嘗試。這就是本書所要傳達的，「5％的挑戰」。要讓擾動具有效果，我整理了以下幾點心得：首先，不要太快地同意對方有問題。這句話來自家庭治療大師薩爾瓦多‧米紐慶（Salvador Minuchin），我認為他和愛因斯坦說的：「你不能用導致問題產生的思維去解決問題。」這句話有異曲同工

之妙。所謂的「問題」並不是一個客觀存在的東西,它是一種敘事,它建立在個案過去理解並回應這個世界的視角之上。既然問題是在這個角度下產生的,就無法透過相同的角度解決,必須從另一個角度去看待。

曾有父母寫信問我:「我的孩子對自己沒自信該怎麼辦?」但這件事的起因是:父母們鼓勵孩子當學霸,孩子卻說自己做學渣就挺好。從對話中,父母聽見的是孩子「沒有自信」。但同樣一句話,聽在我耳裡卻認為孩子相當有自信,因為他不需要透過成績排名去證明自己的價值,不是嗎?

那麼,誰說的才對呢?都對,有不同結論只是因為我們看待同一件事的角度不同。如果你一開始就認定孩子是「沒自信」,往這個方向上給出任何的努力和干預,都在重複且強化問題,父母如果每天都鼓勵孩子說:「你要對自己多一點信心!」那麼,孩子聽到會是什麼感覺?

假如一開始就把孩子的表現解讀為「很有自信」,父母做的努力可能就完全不同。他們可以思考如何激勵一個對自己信心十足(也許是過於自信了)的孩子。他已經不需要用成績來證明自己的價值了,所以,可以用哪些方法激發他對學習的興趣?

從沒有探索、思考過的問題和角度開始，就會有新的經驗產生。很多困惑不是板上釘釘的存在，不是某種寄生在血液或基因裡的既成事實，而是一種觀察和行動的模式——人們透過「看到」問題的方式創造並維持問題。如果能跳出這個思考模式，就會有不同的結果發生。大家一定都聽過「旁觀者清」，這是因為旁觀者跟當事人站的位置不一樣。從新的角度觀察，就完全有可能看到新的結果。

但是我要強調一點：如果和對方視角或想法不同，不代表就與他為敵。這是我要說的第二點：要保持對他人的尊重。問題背後總有合理的一面：消沉的人也許只是用更謹慎的策略來回避失敗；焦慮的人也許是背負了太多的期待，不知該如何拒絕；即便是什麼都不做的人，也可能是在用這種方式爭取他的權益。我不同意他看問題的角度，但還是需要把對方當成一個值得尊重的人，凡事要試著看到對方行動的合理性。

如果一開始就抱著「他犯了錯，必須讓他承認錯誤」這種心態，那麼我的建議再好，也會帶著一絲不自覺的傲慢，結果可想而知，畢竟，誰會願意聽一個看不起自己的人所說的話呢？反過來，若一個人越被理解，就越感到安全，自然願意打開心防，面對新的經驗。

心理諮商的基本功，就是站在對方的立場上理解對方。他

眼中的世界自有他的道理，只是他的道理此刻遇到了麻煩，但這也是讓他重新學習的契機，不能認定個案是一個「犯了錯，甚至是大錯特錯」或「自作自受」的人。諮商師和個案之間其實很微妙，我發現通常回饋了良好改變的個案，都是我在態度上傳遞更多尊重與欣賞的。

但要如何做到發自內心地尊重，又恰到好處地表達出我不同意你的看法呢？關鍵在於我們的內心是否真心相信和尊重對方。我受到的訓練來自系統式心理治療，把大多數的「問題」視為系統自組織維持的「穩態」。我理解一個人如何在這個過程中，建立其自圓其說的穩定感，也意識到改變帶來的風險和挑戰。這不是簡簡單單說幾句漂亮話，對方就會樂於改變的。

第三點是：請個案嘗試的變化一定要小之又小，近乎不變。如果變化大刀闊斧，甚至於暗指「你從前的活法很要不得」，就會淪為不實用的大道理。關鍵在於，變化要小到什麼程度呢？我個人的心得就是 5％，不太起眼，幾乎不能解決問題，但這樣反而是最合適的。我認為最有效的，是讓個案在未來一段時間內近乎原地踏步，維持幾乎等同於以往的辛苦。

這樣一來不就等於沒變嗎？其實還是有一點點變化，那就是個案在同樣的困境中多了一份覺知，至少是奉命而行的立場。這已經是變化了，可以進一步催化更大的改變，這在治療系統

叫「悖論干預」。有時候，我還會把對方深陷其中的行為模式重新做一番推演，請他帶著遊戲的心態重複一遍，這也是改變。

重複就是改變？聽上去是悖論，卻是行之有效的解決之道。舉一個書裡的例子：一位個案想找工作，卻一直拖延不行動，遲遲不開始寫簡歷。我建議她，每天寫半個小時簡歷，不管寫得怎麼樣，寫完就刪。從結果上看和之前沒有差別，她絕大部分時間還是什麼都不做，感覺毫無進展和變化。但她用這個辦法堅持了一星期，竟然因此寫出一份完整簡歷。因為她畢竟開始寫了，甚至找到一種「作弊」的方法：把每天寫好的片段如約刪掉，卻不清空電腦裡的回收筒。

不要對改變的期望太高，有5%新的經驗就已經很好了。改變的悖論往往是這樣：如果我說「請你變成那樣」，對方會說「可是我做不到」。我說「好吧，請保持你原來那樣」，對方又會說「這樣不行，我想改變……」這套繞口令可以無止盡地持續下去，除非我們用其他的方式表達：「請你保持基本不變的同時，朝著可能的方向改變一點點。」書裡的一問一答都是如此，一開始或許對方的核心問題沒出現變化，甚至有些背道而馳，但是沒關係，重點在於他有了不一樣的經驗。

新的經驗會帶來長遠的改變。這是我最後想說的一點心得：不需要一次性解決問題，只要一點點些微的變化，哪怕在無足

輕重的地方有一點新嘗試就好。我回覆的宗旨通常就是：試一下（甚至不用保持）以前沒有試過的行動，獲得一點不同的體驗。開始行動比正確的行動更重要。

把這些經驗濃縮成幾百個字的回覆，就成了書裡的「擾動」：一周時間，一個行動，不需要達成終極的改變，在基本不變的同時嘗試 5％的新可能，然後告知我結果。

雖然每個建議我都評量已久，但還是不確定這些辦法是否對他們有幫助，幾乎每一篇回覆我都會說：我不確定結果如何。這是實話，當然也可以看成某種技巧，要讓對方產生興趣，就要留一點懸念。

這個技巧在生活中也管用，你想讓別人採納的建議，哪怕對他百分之百有用，你也要說：「這只是我的建議，我不確定對你會怎麼樣。」給他留一點嘗試的空間，試過之後他可能同意，也可能不同意。不管同不同意，至少已經開始嘗試了。現在就讓我們拋開懸念，看看這些嘗試會帶來什麼。

「自我」是自身的一部分，但又不能全然被自己所掌握。人在成長過程中，多少都會遭遇對自我的失望、恐懼、不接納。這是最普遍，也是最抽象、最複雜的困惑。

收錄在這個章節的來信，有些會讓你感同身受，有些也許讓你覺得納悶，心想這麼優秀的人，也會有痛苦嗎？貌似人生勝利組還對自己有所不滿，在你看來或許毫無必要，甚至像是在炫耀。
但是關於自我，最基本的一項定理就是：甲之蜜糖，乙之砒霜，每個人都不一樣。適用於別人的，未必適用於你。只有接受這一點，我們才會願意花心思去了解自己、愛自己。

因為沒有標準答案，走一些冤枉路在某種意義上是不可避免的。就像收錄在這裡的探索：提問的人需要花時間去嘗試、碰撞、犯錯；他們學到了一些東西，同時又產生了新的疑問。

答案尚未浮現，
也許正在來的路上。

CHAPTER 01

發現自我
的存在

01

為什麼我總是搞砸
自己的人生？

李老師您好：

　　人總會有各種各樣的缺點和不足，有的能改，有的到死都改不了，但最痛苦的，莫過於明知道自己有問題，而且這個問題，已經讓人生變得越來越糟糕，卻還是改不了。我向身邊的親朋好友都求助過，但他們都覺得我只是貪玩、不努力。

　　中考（初中學業水平考試，簡稱「中考」，即高中職入學考試）前，我突然喪失了學習動力，看著日子一天天地過，知道該做些什麼，但就是無法去做，考試時甚至會趴在桌上轉筆玩筆芯。

　　我就像被外星人綁架了意志，心裡明明很急，卻無法停止一些無聊的行為，每天再怎麼逼自己念書，最多只能專注半小時。高考（普通高等學校招生全國統一考試，即大學入學考試）

前還是如此，我成了開高走低的典型。人生最重要的讀書階段就這樣荒廢了。

最近想振作起來考會計從業資格證書，但是剛追了三小時劇。這齣戲我當初看到一半就沒看了，說明劇情對我而言並無吸引力。可是我知道，自己又開始重複之前「搞砸人生」的行為模式了。

有時候，覺得自己像是個人生的旁觀者，總站在做無聊事情的身體旁邊，歇斯底里地喊著：「喂！你該看書了，這個劇不好看而且糟透了，為什麼要逃避書本呢？」

對自己強烈的絕望，促使我點開了李老師的「樹洞」。李老師，您能想像一個垂頭喪氣的女生，瞇著眼睛寫下這一封信的情景嗎？很絕望很絕望，絕望到麻木。日復一日，明天我又會重複今天的行為，想到這個就頭皮發麻。

「旁觀者」這個比喻相當有意思。她看到當事人正在做錯誤的事，卻忍不住大聲提醒：「喂～錯了錯了，你不該這樣做！」

如果當事人無動於衷，意味著什麼呢？有可能是旁觀者認錯人了。

當事人活在自己的人設裡，按照自身的想法過活，且活得很自然。旁觀者感到著急，是因為她拿著一套錯誤的劇本，把

當事人誤認為是其中一個角色。所以，我們一起來確認當事人到底是誰吧。

請你在接下來七天，每天記錄旁觀者和你的對話。

旁觀者：「喂！你該看書了，這個劇不好看而且糟透了，為什麼要逃避書本呢？」

請你作為當事人，向旁觀者解釋，她認錯人了。對她做一句自我介紹，讓她知道你是誰。比如：

當事人：「你認錯人了。我不是你以為的那個應該看書的人，我是……」

持續記錄七天，然後回饋你的感想。

◆ 回饋

哇！我的諮商被李老師 po 上網了，內心感到相當興奮和忐忑。下面是我這七天的回饋：

第一天

旁觀者：「快兩點了，該睡覺了，你的眼睛不是會痛嗎？」

當事人：「抱歉，你認錯人了，我不是你以為的因為眼睛痛就不熬夜的××，而是周末想怎麼熬夜就怎麼熬夜的××。」

　　旁觀者：「就算認錯了，就算你不在乎自己的眼睛動過手術，但明天要見朋友，你打算萎靡不振地赴約嗎？」

　　當事人：「我不在乎，熬夜和跟朋友出去玩都只是娛樂消遣。」

　　旁觀者：「熬夜會打亂生理時鐘，周一上班時容易影響工作。」

　　當事人：「你又認錯人了，我不是你以為的那個會在意工作的××，我本人並不 care 這份工作。」

　　旁觀者：「既然你不在乎朋友，也不在意工作，為什麼又去做呢？」

　　當事人：「為了滿足朋友想見我的心情，也為了讓家人放心。」

　　旁觀者：「所以你還是在意，但是他們在意什麼你根本不清楚。你其實既沒有滿足他們，也沒有滿足自己。」

　　當事人：「不想和認錯人的傢伙一直聊下去！」

　　結果，我就這樣自己跟自己聊到生氣，放下手機閉眼去休息了。李老師，我發現我竟然不知不覺感到自由了。但是旁觀者和當事人聊到停不下來是有原因的！一切都是奇妙的巧合。

　　剛收到老師回應時的快樂，回饋時心情就變差了。不自覺地想：難道是我傳達得不夠清楚，或是老師理解錯誤？記錄對

話這個方式也太簡單了吧？真的會有用嗎？……

但我在凌晨一點左右，當我記錄完旁觀者和當事人的對話後，腦子竟不由自主地繼續運轉下去，形成了一場挖掘式的探討，針對「此刻我為什麼一定要熬夜」這個主題。這些對話太熟悉了，慢慢喚起我小時候的某個習慣和經驗。

小學一年級時，我腦袋裡突然住進了一隻「小蟲子」。我很愛和牠聊天。我明確知道，小蟲子其實就是我自己，但依然喜歡和牠一起生活。因為牠絕大多數的看法，都和我不一樣，我常常和牠爭論甚至打賭。但後來逐漸覺得，這樣做或許不正常，就花了很大的力氣驅逐牠，並且認為這就是一種成長的表現。

直到做這個回饋時突然覺得：啪！封印解除。

原來，不管是小蟲子、旁觀者，或是當事人都是我。我極度想否定某部分的自己，像割掉腫瘤般去除某些「我」，所以掙扎又壓抑地活著。我和小蟲子聊天，可能只是某種自我思考、溝通的方式。

我不知道該如何表達這種如釋重負，彷彿卸掉重重枷鎖、豁然開朗的感覺。十年了，我終於和自己重新取得了聯繫。

李老師，您的回饋實驗我可能不適用了，但我還是會繼續做完。

第二天

沒有「認錯人」的情況出現，今天的「我」特別乖，我要他做什麼他就做什麼，甚至透過對話的方式，自行處理了一次

「情緒危機」，沒有求助於任何人。

第三天

這幾天情緒過度激動、熬夜不睡覺因而感冒了，腦袋昏昏沉沉的。雖然才晚上八點多，但是沒有旁觀者跑出來逼我看書，他和當事人今天都想好好休息。

我覺得整個人很放鬆，基本上快要睡著了。

第四天

直到中午都躺在床上不想去上班。我明確知道自己純粹就是不喜歡這份工作，但也很難過前幾天那個「認錯人」的神奇魔法，居然這麼快就失效了。

今天在網路上看到一句話：「世上沒有必做之事。」或許這個對話實驗也是如此，我不由自主地產生了聯想。

當然，這很有可能是我對自己貪圖安逸的開脫。其實有朋友提醒過我，我總是想太多，缺乏行動力，好不容易動起來卻又半途而廢。

旁觀者：「你該睡了，而不是沮喪地一直玩手機來逃避現實。」

當事人：「你認錯人了，我不是該睡覺的××，而是熬夜玩手機能平復心情的××。」

旁觀者：「好吧，我想看《駭客任務》（The Matrix）。」

今天是隨心所欲的一天，想睡就睡、想看書就看書。一切痛苦不過是作繭自縛。

第五天

或許是昨晚的《駭客任務》太好看，今天一整天都很平靜，或者可以這樣說，今天旁觀者成了當事人。

早上按時起床、上班、上課，甚至很少見地運動了一下（太難得了，激動到落淚）。

自從封印解除後，我似乎再難感受到之前，那種「想做某件事卻做不了」的分裂和痛苦了，事情逐漸變得簡單，只有想做和不想做。就算暫時不想做，心理負擔也沒之前那麼重了，果然以往都是作繭自縛，原來越在意自己沒做，就越做不了。

另外，自我感知變得非常敏銳。我發現：所有壓力的源頭，都是我把別人對我的要求和期盼，胡亂堆在自己身上（應該要去相親、應該事業有成、應該⋯⋯）。還有就是，我以前特別喜歡故意瞧不起自己、打壓自己。

第六天

今天回顧這個實驗，突然想放棄了。

旁觀者（或許是提問的當事人）：「太羞恥了，你看你提的什麼問題；胡言亂語，不要讓人笑掉大牙了。可惜不能刪掉。」

當事人：「你認錯人了，我不是你以為的那個，會因為表

達不當或者有錯別字就感到羞恥的人。我是想抓住一切機會去解決問題的人。」

當事人很強勢，拿回了主動權。

回憶起來，我真的很愛透過這種打壓方式去否定自己、降低期待值或積極性。這種惡習是什麼時候形成的已不重要，重要的是今天我察覺了，而且沒有放任自己逃避。

雖然我依舊難以專注做事，但至少以後我會警覺，注意不要任由自己沉淪在消極的情緒裡，逃避真實的人生。

第七天

今天竟然是實驗的最後一天，突然有點捨不得。

看了看畢業後到現在所寫下的日記，感到有點可怕；文字和思想很偏激，有很多自暴自棄的言語和消極陰暗的想法。本來想把它燒掉，但最後還是捨不得。買了新的日記本，把記錄下的回饋實驗作為新日記的第一篇。

實驗做完後最大的發現是：我不怎麼了解自己（所以才會「認錯人」？），很情緒化，同時渾渾噩噩、老是焦慮，很少細想這些情緒背後的原因。所以很容易受影響，別人三言兩語就會改變我的看法。我不知道該怎麼表現和說話，才能讓自己感到舒服又不會冒犯別人，因此才不喜歡外出與人相處，總愛待在家。

「思考」和「想」是有差別的。想，是一種懶散的自由，

而思考卻必須把複雜的現實生活，以及對真實自我的理解考慮進去。例如「我想辭職」和「我考慮辭職」，兩者之間差異很大。

其實我也不知道自己是否表達清楚了。甚至在回饋時，很容易就不假思索打出一大段似是而非的大道理，所以整個回饋過程很艱辛。因為必須考慮哪些不是自己的想法。我一方面審視自己，一方面審視目前的生活，這兩個東西我都沒有仔細看過。我想找到讓它們彼此平衡的方法，而不是像以前那樣無視自我、放任生活，結果既不快樂，成就感也低。

做完這個看似平凡卻又特別的七天回饋實驗，我發現自己很久沒這麼關心「自我」了。目前來說，有些方面的思考還是有點盲目，要戰勝情緒惰性仍屬困難，但覺得至少是個好兆頭，似乎獲得了持續下去的動力。

◀ 複盤

大多數痛苦都可以概括成兩句話：

「我不希望自己這樣，但確實我就是這樣。」

「我希望像別人一樣，但我又做不到那樣。」

用學術一點的語言來說，就是「理想自我」和「真實自我」之間有差距。解決方法其實相當簡單，就是「全然接納」，接受自己最真實的模樣。就像打牌，先承認手裡的牌就是這些，然後再去計畫怎麼打才好。

理想必須建立在現實的基礎上，現實中的這個人再不行，也是唯一的行動指望。

道理雖然聽起來簡單，做起來卻一點都不簡單。

人總愛埋怨世道不公。對於自己身上不滿意的部分，累積了多年的厭惡感，早已成為一種習慣，失去想要和自己和解的心。

事實上，要解決這種狀況，沒有更好的辦法，只能「磨」。就像這篇回饋一樣，要反覆提醒自我對話。過程大家也看到了，一點一滴的進展都不容易。

個案持續寫了一周，雖然最後稍微有些鬆動，也是寫得很辛苦。如果能繼續堅持寫下去，收穫也許還會更大一些。

和自己和解需要時間，沒有速成法。只有化解了「我不該如此」的錯位感，才能看清楚真正的自己是什麼模樣（滿意也罷，不滿意也罷）。

這樣還沒結束喔，從看清自己到欣賞自己，從欣賞自己再到用好自己，從用好自己再到自我實現，每一段過程都是長期的功課。在自我認識、自我成就這件事上，我們有一生的路要走。

02

我知道該節制飲食，卻一直吃個不停

問

　　李老師您好，我總處於饑餓狀態。有時才剛吃完飯不久，又覺得餓，滿腦子想的就是一日三餐吃什麼，熱衷於品嘗和料理各種美食。但我是個嚴重的糖尿病患者，血糖一直居高不下，正在使用藥物和胰島素治療，卻還是無法降低數值。我目前左眼失明，右眼視力微弱而且高度近視，腦子裡還長了一個瘤，正好壓在視神經上。我去過上海華山醫院和北京天壇醫院看病，十來位專家的問診後都建議我立即動手術，否則右眼視力也會受影響，當然醫生也暗示過手術的風險可能導致雙目失明。

　　其實我自己也清楚，這種情況應該要非常節制飲食，但我食慾卻十分旺盛。原本我以為我對吃的執著，是因為四歲左右，曾被父親一次餵了五、六顆雞蛋造成的。後來有一位心理諮商師告知，這可能起源於更早時，母親哺乳的奶水不足或者是斷

奶時間過早。關於這點我曾問母親，她說當時奶水確實有點不足，但斷奶是在一歲多。老師，我真的很想解決食慾亢奮的問題，並希望能克制飲食，每餐七成飽就好。

答

謝謝來信，我對你的勇氣印象深刻。在極端困難的條件下，你還堅持自己生命的追求。

進食不只是生理需要，也是你的意義之所在。若人生單純只為了保住性命和健康，節食也許不難。但我站在你的角度想，作為一個熱衷美食的人，以節食為代價換取的健康，又有什麼意義呢？糖尿病對你造成的威脅比其他人更大、更殘酷。它不只是威脅你的健康，更剝奪你的樂趣，以及人生的意義。你在醫生的幫助下贏得健康時，卻有可能動搖對生活原本的信念。

所以你艱難地保持著對生命的熱愛，不惜以生命為代價。我欽佩你的堅持，同時也在想能否找到一條兩全其美的路，讓你不需放棄對食物的熱愛，也不耽誤治療？譬如說，一邊控糖一邊把精力放在研製一些低糖、且能滿足口腹之欲的食譜上？這樣就不用克制自己吃東西的幸福感了。但我不知道你個人的喜好，會不會覺得做這樣的事有意思呢？（它一定是有意義的，可以造福更多控糖者。）

不要責怪食慾，它是你生命中最美好的感受之一。不過你必

須先保命才能安全地吃。要怎麼實現我也不確定，請你這周試試看。當然，也許還能在生活中找到其他的意義，不妨回饋給我。

🍃 回饋

這周發生一件很神奇的事，星期一看到這篇回覆後，星期二下午我居然開始嘔吐，這是幾十年沒有過的。我吐了兩次，而且量特別大，很訝異我的胃裡竟裝這麼多東西。我覺得它真是太不容易了。嘔吐後雖然感覺輕鬆些，但左臉痙攣的老毛病加重了，眼睛看東西也非常模糊，這幾天一直在服用中藥調理。對於食慾亢奮的問題，這星期我是這樣做的：

首先，在情緒方面，因為我知道自己一旦焦慮或者恐懼，就會用吃來緩解。當我進一步察覺到這點，就儘量用其他方式來代替。

第二，我有個新發現，我吃東西時好像在「偷吃」。因為我在家族中是長女，也是長孫女，或許是從父親那邊得到的暗示，讓我覺得自己好像不配吃東西。所以我在吃的時候動作很快、很倉促，而且特別貪婪，不是心安理得，也非悠然自得，反而像在偷吃。

第三，我做了一個實驗，儘量少吃澱粉等碳水化合物（我這周試著用豆腐皮捲蔬菜吃，特別有飽腹感）。吃東西時細嚼慢嚥以延長吃飯時間，這樣也可增加飽腹感，不會使自己吃得

過撐。另外我會提醒自己，要留下一部分給家裡其他人吃，例如我特別喜歡南瓜，以前每次都會吃光，而這周我會刻意留一些給家人分享。

第四，當我吃喜愛的水果或者鍋巴（炊飯時黏在鍋底的焦層）時，我會暗示自己這些東西非常好吃，而且不會對身體造成負擔。這樣我吃起來比較坦然、放鬆，不至於一直吃不停。

第五，吃完飯我會盡快離開飯桌，甚至離開餐廳，去做一些其他的事情，免得自己過於貪戀食物。

實際上我一直在思考，如何找尋生命的其他意義。我喜歡小孩，對於和小孩有關的事特別感興趣，例如去育幼院照顧小朋友或基金會做義工。這事情我已經想了一、兩年，卻因為疫情而耽擱了。還有我的父母也年老了，身體開始出現大大小小的狀況，我需要投入更多的精力和時間去照顧他們。

複盤

或許有讀者感到好奇，這篇回覆是否有什麼神祕暗示？為什麼個案看完回信的第二天下午，就用嘔吐的方式清理了腸胃？其實我也不清楚。對這位個案而言，進食這件事確實具有重大意義。或許是因為我理解她這一點，幫她減輕了一部分心理的自責，這也是我回信的初衷。但仍無法解釋生理性的變化，應該只是單純的巧合吧。你能想到其他不一樣的解釋嗎？

03

這不是我想要的 理想生活

李老師您好：

　　我最近很焦慮。兩個月胖了快五公斤，而且馬上要二十五歲了，還和父母住在一起但沒有任何溝通。我懷著維持社交生活的渴望和對轉行的恐懼，繼續做著一直不感興趣的工作。不知道自己的職業生涯目標在哪裡，對於感情生活也不抱什麼希望。

　　看了一些心理學的文章和書，也學了一點認知行為療法，十大認知扭曲我都有。美國著名精神科醫師大衛‧伯恩斯（David D. Burns）說：「人的價值不由他的成就決定。」日本知名心理諮商師岸見一郎說：「別人做什麼都與我無關。」我覺得都很對。但每當我沒有達成當天的目標，或發現別人臉色不佳時，我都覺得是因為我做的不夠好、無法令人滿意。

我曾為轉行做了一些準備。我從小就喜歡藝術，上大學後發現自己對設計有興趣，並對某些設計師和藝術家的作品能傳達自己的理念，且深深影響大眾感到無比著迷。

　　但當我開始學設計時，就老是想到以後或許要熬夜加班、或是得聽客戶的話修改方案，可能要改二十遍等，便認為自己應該成為不了那種足以影響別人的人。我無法忍受枯燥單調，也無力堅持，所以每次都是蜻蜓點水，一下子就放棄了。

　　每天都過得很掙扎，感覺這不是我想要的理想生活——沒走在對的道路上，成為自己想要成為的人。

　　我從小就有憂鬱症，一直斷斷續續向同一個醫師求助，但卻沒有和他建立起良好的關係，老是懷疑他不是真的想幫助我、為什麼要幫助我這種人、這樣治療到底有沒有用，於是就放棄、再開始、再放棄……十年過去了，中途偶爾有過短暫好轉，但變好的時間周期越來越短，直到這兩年，幾乎沒有好轉的時候，感覺像是放棄掙扎了。

　　正常時，我發現我有一些愛好，也有一些朋友，同事和身邊的人對我的評價大多還不錯，說我聰明、風格獨特、有自己的想法和追求等等。但我始終認為自己沒有價值、沒有成就、沒有能力，每天虛度時光，但也沒有勇氣自殺。

　　我討厭生活、工作上的瑣事，所以做事經常拖延，真的不知道該怎麼活，才能不那麼討厭自己，不再內耗。我寫這封求助信，也是拖延了好久好久才完成。

　　會這樣的原因，可能是我從小和父母的關係就不好，因為

他們一直都是重男輕女，喜歡哥哥而忽視我，言語上總打壓我，對我的承諾也經常沒有兌現。之後我漸漸有了：「連父母都不愛我了，還有誰會愛我；連父母都不值得信任了，還有誰值得信任。」等根深柢固的想法。

我嘗試過和父母、和自己和解，但過一段時間，就繼續像鑽牛角尖一樣地討厭父母和自己，我也不知道自己為何總是這樣。

我想改變，長久的改變，想要堅持下去。老師，您能幫幫我嗎？

我想幫你，但我幾乎要被你說服了。你列舉的每一條「無法改變」的證據都很充分，我猜你是真的沒有辦法了，你的生活幾乎就是不可變的。

我之所以說「幾乎」，是因為你也許還有一點點的改變空間。當然這點空間你可能看不上。你只想要 100％ 的改變，而以目前的狀況來說，最多只能做到讓你的生活改善 5％。

5％ 其實也不錯了，問題在於，如果你太想要一個徹底的、長久的改變，就會被挫敗、沮喪和自我否定壓垮，最後的結果是連 5％ 也做不到。你只做到了 0％。

所以，我們先試試把 5％ 做好。

請你在未來的一周當中，保持絕大部分的生活狀態不變，就像你描述的狀態一樣糟，或者說「一樣正常」，不要做任何嘗試改變的努力。

　　不論是想跟父母和解，或是轉行、學習新的技能等，一周只能拿出特定的一小時來做這件事。是的，保持一周不變，每周改變的時間絕不能超過一個小時。

　　有人會想：「這樣我的生活只能變好一點點，反而讓我更絕望，還不如一點都不變的好。」如果你也有這樣的想法，也大可完全不變。

　　總之，選擇權在你。用最多不超過一小時的時間改變，或者完全不改變。後續很期待能收到你的回饋喔。

回饋

　　收到李松蔚老師認真地回覆時，我很感動，也覺得有動力去改變了。

　　距離李老師回覆後大約過了五周，我慢慢恢復之前曾堅持了大半年的每日運動習慣。開始運動後，我明顯找到了掌控感和成就感，不再覺得自己是做不成事情的人。就像李老師所說的，改變5％，自我感覺好了很多，開始在各方面自發地做出對自己心情更有利的選擇。

　　生活上，以前是強迫自己運動，但最後卻選擇滑手機然後

自責；現在是自發地選擇健康飲食，自發地選擇看書，有了一部分專注的時間，感到了一些微小的幸福，找到了讓自己比較舒適的狀態。

工作上，我仔細考慮了轉行需要面對的風險和不轉行的痛苦，選擇了我想要的那個。精神科醫師一直勸我應該邊工作邊學習新技能，但我從思考轉行到現在都過一年半了，學習進展還是不大，於是決定乾脆辭職專心學習，再準備轉行。幸運的是，提完離職幾天後，就得到一個對於我想轉去的行業有幫助的工作機會了。

治療上，可能是因為過了二十五歲，也或許是我想去矯正牙齒，發現費用很貴，因此意識到自己需要賺錢，不該老是把自己當成孩子。所以為了未來能有好的發展，我去醫院看醫生，拿了一些精神方面的藥，也重新閱讀大衛·伯恩斯的書和幸福心理學，希望能好轉。

當我改變 5% 以後，其他的也會像滾雪球一樣開始鬆動。心理學可真有意思，謝謝李老師給我的關注和時間。

複盤

很多讀者都注意到了，我在回饋一開始就說：「我快要被你說服了。」這個意思是：她正在「成功地」讓我相信，她是無法改變的。

我為什麼要這樣說？而不是繼續說服她，她有改變的希望呢？

因為我猜，她應該是經歷過很多次這樣的自我拉扯。心裡渴望改變，但又努力證明自己無望，這會吸引其他人接二連三灌輸她仍有改變的希望。而改變的責任不知不覺就轉移到別人身上，她本人則會反駁：「你們說的希望在哪裡呢？我都試過了，真的不行！」——這不是我們想要的結果。何況，靠別人給予的希望始終有限。

遇到這種情況，更好的辦法是同意她現在的心理現實，如果她認為自己身處谷底，那你就接受這對於她來說就是真的（哪怕你實際上不這麼認為）。徹徹底底站在她這一邊。然後呢？行動的責任就落在她自己肩上了。她的人生陷入了大麻煩，現在已經跌落谷底，下一步她打算如何行動呢？

很多人會擔心自己一直惡性循環。別怕，就這樣走下去，最後往往你會發現，其實情況也沒這麼糟。就像這位個案一樣，行動了幾周，生活就會稍微變好了一些。

慢慢走，路還很長。

04

先幫「失敗」
找到一個好理由

李老師您好：

　　我是一個高三學生，平時在學校可以精力十足地投入學習，但這次肺炎疫情耽誤了回學校的時間，在家什麼都不想做。明明非常想考上一所好學校，我該怎麼辦呢？

　　疫情對每個人的影響都是不一樣的。

　　有些學生在家學習有更大的靈活度，可以更妥善地安排時間。也有些學生像你這樣，待在家就什麼都不想做。所以，有些人會因為這次疫情，與好學校失之交臂，相對地，也會有本

來上不了這個學校的人，因禍得福地遞補進去。

不過，因為有疫情的存在，兩類人可以從中找到心理安慰。考上好學校的可以說：「我太幸運了，疫情成就了我」。沒考上好學校的也可以說：「我的實力原本是××大學等級，可惜因為疫情才……」

總之，無論正反面，都能給自己一個交代。

所以，我有下列建議：從明天開始，每天晚上花三分鐘，給自己一個小型的儀式。如果你白天的學習效率還不錯，當晚的儀式主題就是：「我真棒。我戰勝了疫情的影響，離好學校又近了一步。」你可以對著鏡子說，也可以寫下來，或是用別的什麼辦法慶祝。

如果那天學習效率不高，那麼儀式主題就是：「我雖然很棒，但是因為疫情，讓我離好學校更遠了。」同樣地，把這句話說出來或者寫下來。不管怎樣，你都會有一個好心情。堅持七天，請你在七天之後告訴我，你發生了哪些變化。

 ## 回饋

第一天

我覺得似乎有了一些力量，因疫情在家後，我第一次自發地七點就起床開始讀書，比起之前至少多了大約兩個小時。但是整體的學習狀態沒有達到巔峰，下午看書時也忍不住手癢，

偷偷玩了遊戲。

今天我的儀式主題是：「我雖然很棒，但是因為疫情，讓我離好學校更遠了。」

題外話：原本和母親商量好，如果我能比之前更努力讀書，她就不干涉我的行為，她說 OK。結果晚上看電子版的複習資料時，她以為我在玩手機便開始數落我，也不聽我解釋，於是兩個人又吵了起來。

第二天

學習情況大致上和昨天一樣，但我好像更主動一些。雖然還是沒有達到自己的要求，但也不能老是否定自己吧。所以今天我的儀式主題是：「我真棒。我戰勝了疫情的影響，離好學校又近了一步。」

雖然寫這句話時感到有點心虛，我真的值得上一所好學校嗎？但讀出來時還是會覺得開心。

第三天

學習效率很低，像一開始一樣，只有晚上的幾個小時在讀書。所以今天我的儀式主題是：「我雖然很棒，但是因為疫情，讓我離好學校更遠了。」

第四天

今天的學習，應該是目前為止最不舒服的。因為鼻炎又犯

了，在房間睡了一整天，都沒有看書。

今天我的儀式主題是：「我雖然很棒，但是因為疫情，讓我離好學校更遠了。」

第五天

打了一天遊戲，沒有看書。

今晚我的儀式主題是：「我雖然很棒，但是因為疫情，讓我離好學校更遠了。」

睡下以後越想越氣：就這樣了？認了？

於是又爬起來開始讀書，大概從十點半看到凌晨四點。

第六天

因為熬夜，早上起不來，下午才開始念書，然後晚上就失眠了，想著：睡不著乾脆就不要睡了，繼續讀吧！於是一直念到清晨三點多。

今天我的儀式主題是：「我真棒。我戰勝了疫情的影響，離好學校又近了一步。」

第七天

學習狀態很好，幾乎接近最理想的狀況。從下午開始讀到凌晨，差不多習慣了這種模式，也成功克服「只要母親逼我念書，我就會故意不念」的心態。

今天我的儀式主題是：「我真棒。我戰勝了疫情的影響，

離好學校又近了一步。」

複盤

　　但願這位高三的同學，可以如願以償地考取心儀的學校。這幾年，疫情給每個人的生活都帶來了巨大影響。這個回饋證明了一件事：雖然疫情是一個客觀事件，我們無從選擇；但如何讓它為自己所用，卻是可以主觀調整的。

　　選擇強調它帶來的負面影響，這是一種策略，叫作「防禦性悲觀」，也就是預先為自己鋪好後路：「萬一失敗了，不怪我，怪疫情。」看上去像是一種消極的心態，但是換一個角度，也不失為一種讓自己解壓鬆綁、輕裝上陣的辦法。

　　生活中我們覺得這種心態有點負面，更推崇樂觀地面對困難，那是一種英雄主義；但我們不能代替當事人的選擇。所以我設計了一個儀式，幫助他把無意識的策略，轉變成有意識的自我對話，怎麼選都是對的，但他可以明確意識到自己正在做選擇。我們看到，當他做出自己的選擇時，哪怕是指向一種「悲觀的態度」，但他在後面的行動中，就能表現出更大的衝勁。

05

對於失去的，
我總是不甘心

老師，我覺得我是個失敗者，一個廢物。

三十幾歲了，不管是職場或親密關係都是女魯蛇（loser），和親人也存在著隔閡。我感到失落、失敗、失望、失意、一再失去，根本是個「失小姐」。

二十幾歲時，我對人生充滿幻想，但幻想與現實的差距讓我憤怒、焦慮和痛苦。三十幾歲的時候我看清了現實，了解了自己的定位，可是時間已帶走原本的機會和選擇（無論是親密關係還是職場上的）。在可以預見的未來裡，我似乎難以再完成什麼，將從一個年輕的廢物，變成一個老廢物。那麼此刻的人生，還有什麼意義呢？

我從焦慮痛苦的一端，走向虛無和毫無意義的另一端，每天起床我都問自己：為什麼要起來度過一天？這一天究竟有什

麼意義？看著別人總是上進、努力又積極，我那麼頹廢又絕望，我覺得我在別人和自己眼裡都是個笑話。

如果我繼續追求愛、認可和成功，那就是求而不得的痛苦；如果我放下追求，又陷入行屍走肉般的虛無裡。我在這兩者間徘徊，在生與死的引力下拉扯。既無法承受潮水般湧上的失落感，也不能抵抗巨大的無力感。

我還有一個哥哥。小時候家庭貧困、資源匱乏，父母重男輕女。而且我哥哥是個相當優秀的人，我也以他為榮，但又因他占據了父母大部分的資源和關愛而感到憤怒。長大後的我，因為個性內向又沒有奧援，在職場混得不好，於戀人面前也相當自卑。現狀是擁有一份尚能養活自己的工作，其他基本上算是一無所有。工作、戀情都不順利。人生隨波逐流，一路往低處走，手上一副爛牌不知該繼續打還是放棄。

我嘗試過心理諮商，喜歡聽悲愴的樂曲，讀過大量的名著，這些都能稍微讓我感到心靈平靜。

有一件事我很佩服你：三十多年一直處在失去的狀態裡，有一樣東西卻始終沒有失去，那就是對現狀的「不甘心」。你放不下「不甘心」。

我不確定這意味著什麼。我見過有些人二十多歲就放下了，覺得什麼都無所謂，像你一樣有一份工作能養活自己，就夠了，還要什麼？他們的生活條件也談不上有多好，但是自得其樂，沒有揹著這麼重的包袱。

這樣的人生會容易一點嗎？

其實我也沒有答案。我這樣想只是出於好奇，並不是要說服你學習他們。一來，你並不是說放下就能放下；二來，那樣的人生可能還是缺少了點什麼。

但我們可以試著做個探索，在未來的七天裡，能不能請你每天抽出一小時，在這一小時裡，暫時放下不甘心的感覺，去體會一下，假設這一個小時是你能擁有的最好一刻，你知足了，不再奢望有別的，你打算怎麼利用這一個小時，讓自己過好一點。

記錄下你的感受。剩下的時間，繼續回到不甘心的狀態。過七天再做一個對比，看看兩種狀態有什麼不同。

 回饋

我想了想李老師的回覆好幾遍。我想，您應該是希望我能放下。

無妄想，無理想，不破滅，過太平日子。一切沒有意義，但是生活下去，成為生活本身。這是不是李老師想幫助我到達的地方？

放下之後，總要有個去處吧？

就算沒辦法接受現實，日子卻還是要過。早點接受，就能腳踏實地過小日子。這樣的生活是不是更容易些？我還有機會可以獲得嗎？無法確定。

我難以放下，難以去除自己對於生活的期待和幻想。大概是因為太艱難、太挫敗了。人生上半場一分未得，眼看就要零分交卷。前半場有多失意失落，後半場就有多想要逆風翻盤，這不就是人的求生欲嗎？已經完成 KPI（關鍵績效指標，Key Performance Indicator）的人，接下來才有資格隨意發揮，不是嗎？越是求不得，越是放不下，這就是所謂的「執」吧！執者失之，「執小姐」和「失小姐」從來都是一體的。

李老師說其實我有選擇，人生沒有一定要完成的課業。可是除了寄託於這樣的價值和意義體系，似乎無所依靠、無處可去，至少我是這樣。

我在原來的問題裡寫過，三十多歲逐漸認清現實。可是現實之重，不是人人可以承受的。魯迅說過，人生最痛苦的是夢醒了，無路可走……李老師說放下吧，哪怕一小時，做點對自己好的事情時，我並不知道要做什麼。準確來說，每一天每一分鐘除了必要的工作，我都無處可去、無處想去。活著是慣性，不是選擇。

以下是我充滿著疑問的回饋。

第一天

我不知道這一個小時要做點什麼。我無法停止思考和想像，

我會走向哪裡？是像小說《活著》裡的老農夫福貴一樣活著，忍受苦難和平庸，逐漸變得木訥、失去熱情？還是青燈古佛了此一生？思考讓我更疲憊了。

第二天

依然在思考我能做什麼。諮商師常說要關愛自己，我不知道怎麼關愛。我的肉體消耗很少，很好養活。我的精神倒是有個黑洞，看不清也填不滿。

第三天

李老師最好還是告訴我這一小時要做什麼，否則我不知該做什麼。

今天嘗試了一下停止思考（實際上做不到），做點體力活動。洗個熱水澡或是拖個地，只能做到邊做事邊思考。做了半小時家務，家務沒那麼多，體力也有限。還剩半小時就用來書寫，吐槽一下李老師，他挺成功的，我啥都沒有，他還說我包袱重，這不公平……我不知道什麼是「滿足」的感覺，我只知道匱乏。時間、金錢、陪伴和愛，一切都是。

第四天

晚上點了分量超多的外食，想讓自己有無比滿足的感覺。可是腦中另一個聲音卻在譴責我：「你看你根本吃不完，浪費！多少人都吃不飽呢！」我又開始覺得內疚。老實說，理性上我

覺得自己需要的可能不是那麼多，也不是那麼完美。可是充足和完美讓我有安全感，有底氣。

第五到第七天

沒有可以特別為自己做的事。不過倒是開始提醒自己，遇到什麼事，先想一下自己需要什麼，再考慮其他。

另外一個收穫是，我意識到自己做事經常有頭無尾，比如寫這個回覆，一開始很激動，有很多話要說，後來又覺得沒有多大意義。我的人生很多事都如此，像是常常一個人出發，但又因為各種原因中途返回，我的一生都不停重複這樣的循環遊戲，一次次感到身心疲累且無任何成就。

複盤

這是一篇超長的回饋，其中有一個畫面讓我印象深刻：個案有天晚上點了超量的外食。她說理智上知道自己不需要那麼多，但她的感受是這樣讓她有安全感、有底氣。我想這也是她對生活態度的一種隱喻。

個案心裡有一部分清楚自己不需要那麼多，另一部分又在那些需求裡，獲得了存在的底氣，她放不下。她把這些叫作自己的「執」。哪怕她知道，「執」的代價就是「失」。

從這個角度來講，個案其實已經做出了選擇。這個選擇在個體意義上沒有疑義。唯一的問題是：別人怎麼想。我相信在個案的回饋裡，「李老師」某種意義上，代表著她的同齡人，他們似乎也帶著理性的態度，勸說她減少不必要的執念，輕裝上陣，好好生活——但這些聲音恰好是問題所在。它們無異於在說：「你所堅持的存在方式，是有問題的。」

其實我認為這樣的生活方式並沒有問題，只是個案感到痛苦。但痛苦是一種感知自己存在的方式，而且任何人都會，也屬正常。世界上許多人都會選擇這樣存在，也安於這樣存在。如果把它當成問題，這種認知解決不了任何問題，反而製造了更多痛苦。

這是我的回覆沒有把握好的地方。即便我只建議個案用一個小時體驗「放下」，即便說成探索，還是帶著「何妨換一種心態試試」的暗示。難怪被個案認為：李老師希望我放下。人一旦和自己有了較量，就偏離了自我探索的旨趣所在。如果再來一次的話，我會表達得更明確：不要放下，保持住你的痛苦。感受到痛苦也是人存在的一種狀態。它代表著一個沒有答案的課題，而這個課題是有價值的。

沒有答案，那就去找，但問題沒有錯，不要放棄問題本身。

06

我老是焦慮不安，該怎麼辦？

李老師您好！得到您的回覆應該機會很小，但我期待它的發生。我的問題也是針對發生機率低的事件：周圍的人認為無須擔憂的機率低事件，會占據我的全部注意力，影響我當下的生活。即使朋友們耐心地勸我，說我在杞人憂天，我依舊對千分之一甚至更低的機率感到擔憂。

不過我並不害怕坐飛機或者正常出門。困擾我的不是未來，而是過去。我為自己以前的錯誤和缺點而感到焦慮，甚至恐慌。明知無法改變過去，還是會反覆檢查過去的種種，用各種標準評判自己，甚至在一天的忙碌之後也會如此，直至凌晨。身體和精神都很疲憊了，卻還是無法停下。事情越重要我就越擔心。但我不能以這種狀態繼續生活下去，我想要改變。請問您有什麼建議嗎？

答

我的觀點也許跟你的朋友相反：我相信機率低的事件是會發生的，你的擔憂是有道理的。

擔憂讓你備受折磨，其實是因為你拿不準。換句話說，你一方面在為將來的事做打算，另一方面又抱持僥倖，覺得說不定也不用考慮那麼多：萬一沒發生呢？這是最累人的。如果確定它會發生，反倒不用擔憂。

因此，我的建議如下：每當你擔心機率低的事件發生時，就告訴自己，不要心懷僥倖，它注定會發生（更何況你擔心的就是已經發生的事）。剩下的問題就是：你必須採取怎樣的預防或補救措施？——然後，把該做的事做到。

聽起來這和你現在每天的生活差不多。但至少你這樣做是有底氣的，不用一邊做一邊懷疑自己「是不是杞人憂天」，那樣是雙重的辛苦。

然後，當你感到疲憊時，可以每天最多給自己放半個小時的假。在這半個小時裡，對自己說「我累了，管它會不會發生，我都要休息一下」，但一定不能超過半小時。如果休息的過程，讓你擔心「這樣會不會太大意了」，就立刻結束休息時間，回到日常的備戰狀態裡。

這樣嘗試一周，把效果回饋給我。

對了，收到我的回覆也是機率低事件——大概是 1%。可是你看，它就發生了。

回饋

李老師您好！

收到您的回饋內心感覺很複雜。本來是十分期待發生的機率低事件，但在看到「壞事會發生」幾個字的時候，還是膽顫心驚。我在十分恐慌的狀態下，讀完了您的建議。但為了改變自己的生活狀態，我開始執行您所說的方法。

前四天還是經常擔憂恐懼，光是接受「壞事注定會發生」這個想法，就足以讓我手腳冰涼，無法思考。因為，人們遇到什麼樣的意外都不稀奇，涉及身體健康更是如此。白天一邊憂慮一邊做事，晚上依舊會失眠。

但從第五天開始，我的大腦似乎感到疲倦了，情況有一些改變。每天早上醒來的第一個念頭就是：完了，壞事還是會發生，只能趁現在多多努力了。害怕的情緒還在，我害怕自己做得不夠多、不夠好。憂慮的情緒也還在，我憂慮無法完成任務和目標。怎麼說呢？感覺自己做事的時候更專心也更有幹勁了。

坦承接受機率低事件會發生後，我感覺自己頭上懸了一把達摩克利斯之劍（編注：達摩克利斯之劍，The Sword of Damocles，源於古希臘傳說，比喻擁有強大的力量卻也會時常害怕被奪走的危機意識）。它時刻提醒我要保持警惕，不能偷懶，除了可以不用擔心的那半個小時。它也給了我更多的壓力，讓我想把手上的事做到更好。對過去的不足所產生的恐懼，變成了對自己還沒有變得更好的擔憂。

雖然不知道自己現在的心態究竟是好是壞，不過我的確開始不去想機率低事件了，尤其是那些壞事。可能未來哪一天，就會真正不擔憂了吧。

　　非常感謝您的建議！

07

「自律」
為什麼這麼難？

我總是管不住自己。

第一，我有囤積癖。我的住所是個小小的房間，堆著許多東西，一直捨不得丟，大概是受撫養我長大的外婆影響。大部分時間這並不困擾我，但偶爾會想：「啊，房間好亂，東西好多，我怎麼什麼都捨不得丟，必須要學會斷捨離才對。」然後整理一下房間，雜物依然不動如山。很快房間又會亂起來，而我每日工作之後，只想追劇、煮飯吃、發呆，不願意整理。所以始終處在雜亂的環境裡，環境又反過來影響做事的積極性（當然，我也在甩鍋給環境）。

第二，睡覺前總忍不住想吃東西。有時並不餓，但就是想吃，而且還熬夜。我知道這樣對健康不利，已經檢查出膽囊息肉了。

第三，我特別愛追劇。這本來沒什麼，但我很難控制自己追劇的時間，會一直看到晚上十二點多，我覺得不好。

我想變得更自律，知道什麼是好的就去做，知道什麼是不好的就不做。我該怎麼辦？

答

從你的日常來看，並不需要真的自律，而只需要一個叫「自律」的符號，用它帶給自己一些積極暗示。

一個簡單的辦法，就是幫自己設計「自律窗」，意即在真實生活中，留出一個用來展示自律的視窗。具體地說，在工作時一眼能看見的地方留點空間，譬如辦公桌上，〇‧一平方公尺（差不多是三十公分見方）就好。這個地方始終保持整潔，此處之外，愛怎麼囤積都可以。

同樣地，你可以每天替自己設定六十秒的時間，如晚上十一點五十九分到十二點整，這六十秒裡不吃任何東西也不追劇，什麼都不做。其他時間愛怎麼吃、怎麼追都可以。

這〇‧一平方公尺和六十秒就是你的自律符號。只要每天把這塊地方和這段時間管理好，就可以驕傲地對自己說：「啊！今天也是一個自律的人。」從而燃起做其他事情的積極性。你也可以適當擴大這個視窗，但我覺得〇‧一平方公尺和六十秒就足夠了。

請在一周後告訴我這個方法是否有效。

 ## 回饋

截至成書前，尚未收到回饋。

複盤

沒收到回饋，最大的可能是沒有執行。

但把諮商案例放上網後，倒是有其他讀者試了這個方法，有人的回覆是：「做到並不難。發現自己不是不自律，而是不知道自律是為了什麼具體的目標。」

這是很重要的自我發現。我們現在動不動就講「自律」，似乎自律是現代人的一種基本美德。但它本身並不是目標，而是用來實現目標的手段。目標只能是一件具體的事，比如工作，就應該追求工作的完成度。這個過程伴隨著一絲不苟的態度，就可以被稱為「自律」。

自律沒問題，但如果沒有確定的目標，單單追求自律的狀態，那就是買了一個名叫「自律」的盒子，卻丟掉裡面的珍珠。也就是我回覆個案的，一個「自律的符號」。

符號當然有符號的價值，它讓人振作，自我感覺更好。那

就用一分鐘和一小塊區域的清潔作為象徵，不也夠了嗎？有人
覺得這有點幼稚，像在自欺欺人，如果這樣想，那一整天和一
整個房間的自律又何嘗不是呢？

　　一分鐘和一小塊區域的自律，其實也沒想像中那麼容易。
自律這個詞本身就有點彆扭。它強調的是一種自我克制、自我
違抗──明明不想做，卻逼自己做，這才叫作自律。而且不是
做一次、兩次，要不斷重複，日復一日，從這份堅持中獲得某
種意義。

08

找尋自己
實際的問題

李老師您好，之前看您的文章有感觸，但我覺得自己還是有困惑，糾結了好久，決定來諮商。

我是一個理工科大二學生，家境並不富裕。

我的經歷很複雜，高考那一年極度焦慮，上大學後又有輕微憂鬱傾向（我認為有可能是憂鬱症），但現在已經好多了。

我總是想很多，導致自己過不去。因為家裡窮，所以我認為應該好好讀書，以後才能賺大錢，我學習的目的，就是為了將來能過上好日子。但由於我學的是工科，如果不出類拔萃就無法賺很多錢，現在快大三了，再不加緊努力，畢業後就沒什麼前途了。

我以前的想法很偏激，認為自己如果不上清北就沒有未來，假如沒賺到幾百幾千萬就枉費一生。所以我覺得現在的我比之

前好多了。我知道自己應該做什麼、該怎麼做，可就是缺乏一股拚勁。那些目標的確在驅動我，但好像又虛無縹緲，每天在家卻老是在打遊戲，無法專注用功。

　　不管是待在家或是在學校，我都感覺很糟糕，但出門旅遊卻又瘋狂想回家回學校。還有個題外話：我明明不喜歡任何女生，卻又想談戀愛；這種想戀愛又不能戀愛的感覺，也是我生活中的障礙。我總是這樣交織著複雜的情緒，日子好像也就這麼過去了。我深知時間寶貴卻又在浪費時間，屢屢有罪惡感，一直在嘗試改變，但似乎效果有限！

　　雖然這樣說可能不太好，但我覺得你並沒有說出「實際」的困惑或問題。你的困惑都是存在於想像的層面，例如「將來賺不到很多錢怎麼辦？」賺錢這件事，會發生在你畢業之後，就像談戀愛也只會發生在你有了心儀的對象之後。就現在這個時間點來說，它們並非「實際存在的困難」。

　　我有點意外。我的印象是，窮人家的孩子更容易提出實際問題，比如說買不起電腦怎麼辦，下周要實習但是沒有合適的套裝怎麼辦，甚至是沒錢了怎麼辦。可能你沒有這些問題，那也可以像一般大學生一樣，詢問一些「某某科目很難，不知道怎麼學」之類的困惑。實際的困惑雖然難，但它們是可以解決

的。不實際，就連解決都談不上。

　　實際的困惑存在於當下的生活中。請你每天觀察一下自己，發現一項實際的困惑（除非實在找不到）。連續記錄七天，再回饋你的變化。

 ## 回饋

　　感謝李老師於百忙之中回覆我的問題。

　　我從提問到收到建議的這段時間裡，自己也做了很多努力，開始改掉生活中的不良習慣，減少手機獲取資訊的時間，不去在意那些與我無關的事物，也多多少少讀了幾頁書。狀態較最初提問的時候有了很大改善。

　　我注意到自己日常生活上確實沒有困難，雖然一直擔心買不起房子。但我學習上的問題更是不少。所以第一天早上，我寫下了學業上的困惑：某某科目哪一節沒有及時複習，還有某某科目什麼題不會做。隨後，開始有意無意筆記這些事，並想辦法著手解決學業上的困難。第一天解決完問題，自己有了些許掌控感。

　　之後幾天都是如此，加上一些想要做的事，皆盡力完成。雖然還有尚待解決的問題，但每完成一個任務，我都感到喜悅。七天下來，最大的感受莫過於一步一步找回專心做事的狀態。

　　最開心的是第六天，我控制住自己，沒有玩這兩個月來從

未間斷過的遊戲，晚上讀書時也能全神專注。第七天，一整天都在認真完成自己的學習，沉浸其中的感覺讓我感到舒適。

　　這幾天的記錄加上逐步解決問題，讓我渙散的注意力重新聚集到當下。雖然仍會擔心未來，但相較之前的空談與幻想，已經進步神速。偶爾也會有些許糟糕的感覺冒出，但我開始有信心戰勝它，並再次投入到學習中。

　　這段時間做的嘗試，讓我感到正在逐漸變好。不只是這七天，我會堅持找出並記錄實際的問題和每天要執行的任務。再次感謝李老師！

 ## 複盤

　　有讀者說，這個案例的改變，順暢得有點不可思議，擔心是不是在刻意迎合我？我的理解倒不是迎合，這確實可能是一種認知習慣。個案提出的問題，不包含具體的「事」，更多是屬於一種情緒性的結論，像是「我沒有未來」。

　　結論看上去很重，但其實很虛無縹緲，因為沒有事實的根基。就像一個氣球，風往哪裡吹，就往哪裡跑。所以有這種可能：上周陷在情緒裡，感覺自己一無是處；這周心情好了些，看一切都不一樣了。

　　但也有一種可能，就是生活中確實存在一些具體的困惑，卻被自己的結論掩蓋了。問題解決起來是很辛苦的，需要動腦

筋，需要投入，需要耐性，而且也有可能解決不了。這時候，個案產生了一種防禦機制，就是不再關心它，只把焦點放到內心，不去考慮「怎麼辦」，而變成「我應當領悟何種人生哲學」。這確實更容易帶來滿足感，但，具體困惑也還沒解決。

　　有這個可能嗎？困惑仍在，只是淹沒於形而上的思考中。

09

「拖延症」
讓我無比焦慮

問

焦慮似乎成了我的舒適圈。

這句話聽起來有點怪,不過我覺得這是目前最好的總結。不知道從什麼時候開始,我做事時,喜歡在即將完成前「休息一下」。這一休息往往沒有止境,直到 deadline 到來,才慌慌張張進行收尾。

事情難度很大時,我常常起了頭就先擱在一旁,不得不解決時才硬著頭皮做下去。完成的品質不盡如人意,但沒差到讓我痛定思痛的程度。

「只需要再付出一點點努力,就可以圓滿結束了」讓我覺得滿足,「早該完成,怎麼拖了這麼久,太差勁了」的認知又讓我不想面對事情……我似乎總是在焦慮,習慣性地讓自己陷入兩難。每晚睡覺前,我總感覺自己不像是躺在床上,倒像是

躺進一個裝滿情緒的小船，我艱難地掌舵，不讓自己掉進自怨自艾的痛苦中，同時提醒自己，不要把一點點失敗放大成人生的失敗。夜裡一直焦躁地反思、猜想、假設、推翻……最後，以哭著起床結束。

去醫院拿了悠樂丁（編注：Eurodin，主要用於治療失眠），效果明顯，但治標不治本。

「我求求你不要這麼焦慮了，好好休息吧。」男友苦勸我說。

我不確定關於睡眠這一段，是不是該歸類為另一個問題，總之，大部分工作如果我專心去做，是可以完成得又快又好的。尤其是繪畫的作業，完全不難，畫起來也很快樂。我喜歡畫畫，卻習慣性拖延，然後焦慮地責備自己為什麼落後進度那麼多，遲遲無法開始。

整體描述下來，我都覺得奇怪，感覺自己總留在焦慮裡——就好像焦慮是我的舒適圈一樣。

我曾被診斷出憂鬱症和邊緣性人格障礙，已經停藥停諮商近一年半，我自己已經不太把這些放在心上，但也許對您的判斷有幫助。我也試著「乾脆什麼都不管，想做什麼就做什麼吧！」然後放任自己打了半天遊戲，畫了作業之外的東西。雖然當下很開心，但歡樂過後，焦慮還是焦慮，拖延症仍舊如常。

辛苦您耐心看完這些，非常感謝。

答

「焦慮是你的舒適圈」，或許也可稱作「舒適圈讓你焦慮」。

我看到的是，你只用一部分的力氣，就維持「差強人意」的生活品質。從某種角度來看，這是挺舒適的。你不需要那麼努力，就能獲得現在擁有的一切，不算好，但也沒那麼糟。

世道艱難，你卻如此輕易地擁有現在的生活，玩遊戲、畫畫，還有人可以愛，或許就是這樣，才容易讓你感到不安。也許焦慮的用處，在於不斷地「折磨」你，使你不時感受痛苦，同時是一種內在的補償機制。

所以我覺得，維持現在這種狀態也沒問題。如果說還有什麼優化空間，也許在焦慮的時候，可以用更有效的方式來「折磨」自己。比如做幾件你平時沒有動力去做的事。

試試看用這種心態生活一周：舒適的時候享受現狀，焦慮的時候做一點自我折磨的嘗試。看看這樣會不會讓你感覺更好。

 回饋

「焦慮時做一點折磨自己的事」，這不就是我常對自己說的：「不要胡思亂想，好好做事情，就不會那麼焦慮難受了嘛！」

但是好像又不一樣。

我一直在對抗焦慮，試圖接納它的時候，也是以一種放任自流的形式。這回我和它站在一起了。那，我們一起來折磨我自己吧。

第一天

　　看到李老師的回覆讓我感到安慰，幾乎全在享受的一天。臨睡前焦慮感又湧上來，我想，先試著睡一下，不行就起來畫作業。心情平靜地躺了一陣子，睡著了。

第二天

　　醒來，開始折磨自己。畫了一會兒作業，出門約會。今天不怎麼難受，享受生活，玩得很開心。

第三天

　　大半時間在上課，不知怎的嚴重失眠，但不是因為焦慮。一天沒睡，躺在床上想像死後如何如何。「如果現在死了，其實也沒有什麼太大的遺憾。」
　　離題了。

第四天

　　努力避免離題中……為了學分，勉強自己上一堂老師敷衍、我們也鬼混的課。但這種「好像在做正事」的感覺讓人免於焦慮。依然睡得很少。看看前面的紀錄，哇，怎麼總是在享受的

樣子——平時想到這裡我應該開始焦慮的，今天卻沒有。也許因為睡太少有些遲鈍，也許因為我在理直氣壯地對自己說：「反正焦慮了我就會去折磨自己，急什麼？」

第五天

上課。平淡的一天。我很想說自己因為隱約的焦慮感，而去背了單字或是學習；但其實並沒有，我什麼都沒有做。

第六天

安眠藥太有效了，從早到晚我只想睡覺。焦慮感來了，腦子裡突然浮現這樣一個聲音：「停留在焦慮裡，不就是最折磨自己的事情嗎？」

好一場文字遊戲！太棒了，我簡直要為自己的詭辯能力喝彩了。

所以，或許我對於改變的渴望根本沒有那麼大？為焦慮感到痛苦當然是我的問題——我並沒有欺騙您。但這也許並不是我最想要解決的課題。

我是大部分人眼中的怪人。朋友不多，常聊天的大多是各種心理疾病患者，抑或對我過度擔憂的人。我開口總是如履薄冰，我的紀錄總在離題……或許我一開始就只是想要尋到一個人，不會被我的負面情緒感染，不會因我而憂心忡忡。我可以向他訴說，聽他回應。

是這樣嗎？我不確定，只是猜測。

第七天

畫板壞了，沒辦法畫畫了。我突然從「明天再畫」的狀態中驚醒，意識到時間是多麼急迫。

我幾乎瞬間被焦慮壓倒。壓抑住負面情緒，開始看網路課程（不是為了學分的那種）。心底的焦躁太令人痛苦了，我想要扔下手機去玩電腦。可是不行，現在是折磨自己的時間——然後慢慢地感到平靜了一些。

整體來說，李老師的建議對於平復心情的效果很明顯，一部分焦慮轉化成我的動力，在轉化的同時也減輕我的焦慮。以後我仍會繼續實行您的建議。

容我離題，寫完之後我又開始焦慮一些別的東西：我是不是寫得太長了？到了第七天才有了比較嚴重的焦慮，就像緊急趕作業的學生，李老師會不會覺得自己努力想出的回答被辜負了？（操心都操到太平洋啦！）

但短時間內，我還沒有勇氣改變自己「操心到太平洋」這一點。

改變的工具箱

● 向上螺旋 ●

關於「自我」，光想是想不明白的，解決辦法往往需要行動。

積極的行動，會開啟一條「行動提升人的狀態，狀態變好又帶來更多積極行動」的正回饋循環。與之相反的，就是「向下螺旋」的惡性循環：因為心情不好，導致什麼都不想做；就因什麼都沒做，造成心情更差。

這就是為什麼很多人靠思考的方式解決問題，結果越想越難受。這種時候就要少想、多做。一旦開始做事，就啟動了「向上螺旋」。

道理說起來容易，但要啟動這個循環卻不簡單。第一步，就是無論如何先做一點對自己有用的事──哪怕是看起來沒有意義的小事。在【03 這不是我想要的理想生活】篇章裡，我特意強調了不超過 5％，哪怕一開始只是運動熱身。個案把這個過程比喻為「滾雪球」：只要開始了，雪球就會越滾越大。

一切的關鍵在於「動起來」。有時人們不願意行動,會把原因推給「狀態」:「等我調整好狀態,這些事自然水到渠成。」但這是很難實現的,因為不開始行動,狀態不會自己變好。要考慮的恰恰是在狀態不好的同時,堅持邁出一小步。

● 外化的聲音 ●

人在糾結的時候,腦子裡總是自我否定,想法也隨時在變:想做的事,到後來又覺得做不到;想放棄又不甘心。怎樣都不滿意。

有一個有效的應對辦法,就是把所有的念頭「拿出來」,變成兩個或多個角色的對話。寫下來、念出聲、演出來,都可以。一個想這麼做,而另一個剛好反對,如此而已。當幾個聲音都在一個人的頭腦裡,來回糾結,難免就讓人感到困惑:「我是有什麼問題?為什麼明明想做的事,偏偏又做不到?」變成不同角色,一下就清楚了。就是頭腦裡同時有幾個人立場不同,意見談不攏。這樣的矛盾在生活裡比比皆是。

我們在生活中,都跟不同的人打過交道,很清楚意見不一致時該怎麼辦,那就需要充分的溝通。友善對話、各抒己見、求同存異。重點是,每個聲音都要表達。不要預設只能存在一種聲音,這是在自己頭腦裡的暴政──我們總認為自己僅能有「唯一」的觀點,從而造成了更多的困惑。有時候,允許不同的觀點同時表達,本身就帶來了溝通和解決的空間。

● 單雙日作業 ●

如果一個人同時存在兩種不同的人生觀，它們又指向不一樣的生活方式，則應對這種衝突最簡單的方法，就是讓兩者同時實現。只不過是放在生命的不同時間，像是單雙日或者單雙周。比如說一個人可能想佛系，又覺得佛系不好，放不下自己的雄心壯志，那麼與其花時間糾結，倒不如兩種都要：一半時間充分努力，另一半時間徹底躺平。

這樣一來，怎麼做都是對的。在【04 先幫「失敗」找到一個好理由】這篇中，用的就是這個方法。只不過並非按照單雙日的時間劃分，而是由個案根據當天的心情，區分不同的狀態。你可以看到這樣做的兩個好處：第一，他不需要追求「統一」的生活態度，那樣就只有一半的時間是好的，而現在是兩種狀態都好，都有價值；第二，當他事實上開始體驗不同的狀態（而不是在頭腦裡糾結）以後，他會獲得更豐富的感受，更清晰地辨別自己想要的是什麼，有助於他進一步做出選擇。

● 黑色想像 ●

當一個人特別擔心某件事的時候，如果勸他「別擔心，事情可能不會像你想的那麼糟」，這種安慰往往沒有用。「可能」的另一面就是「不確定」，擔心正是基於不確定。對方一句話就可以反問回來：「萬一呢？」

不要反駁，索性讓他設定擔心的事確實會發生。發生之後，再問一句：「然後呢？」

例如，有人怕死，就請他盡情設想「假如你真的死了」，然後呢？壞事真的發生了，接下來會怎麼樣？世界末日並沒有到來，生活還是會繼續向前。人們先是震驚，然後逐漸平復，再然後呢？不同的人怎麼面對？很神奇，這樣一想，當事人往往就不慌了，會冒出各種點子，也會看到積極的一面。回過頭來，最壞的情況都能應對，現在又有什麼好怕的呢？

乍看之下，竟和我們的認知及常識背道而馳：害怕壞事發生的人，反而在「壞事發生了」的想像中獲得安慰。除了被允許的體驗，也是因為人們可以對想法進行深度加工。沉浸在害怕心理時，人們並不真的了解自己在怕什麼，只是有一個強烈的印象：「不可以讓它發生！」這時候情緒當頭，沒辦法思考「最大的損失有多少？」、「整個過程究竟是怎樣？」當然也就更談不上應變了：「即使在最壞的情況下，我也能做點什麼。」若能進行這樣的深度加工，才可有效減輕焦慮。

所以焦慮的時候，反而可以多想一想「最壞的結果」。越具體，越實際，越有助於擺脫焦慮。遺憾的是，身邊的人往往都在勸說「別想了，不會有事的」，等於還在強化「它很糟糕」、「確實不能讓它發生」。待雙方陷入爭辯，就更沒有時間對「想像中的災難」做實際處理。

● 實驗者心態 ●

這是一種幫人出主意的方式。在提建議的同時，不對建議的結果做任何預判。這樣，就把建議變成了實驗。就像所有實驗一樣，因為猜不到結果，所以期待。結果可能印證實驗者的假設，也可能剛好相反。

正如你看到的，我給的大多數建議都會強調「試一試」「我們看看結果會怎麼樣」，而不是胸有成竹地說「你照我說的做，保證解決問題」。後者一方面不負責任（因為誰真的能保證？）；更大的問題在於它把「行動」的目的異化了。做事是為了期待中的結果，這反而讓人畏懼不前。

做事不是為了結果，那是為了什麼呢？

這就是做實驗，實驗的目的是探尋真相——無論結果符不符合期待，它都會增進我們對事物的了解，因為真實世界的規律就是如此。同樣的心態也可以用在自己身上，很多事情都有可能事與願違，但無論如何，我們會透過行動（實驗）的過程更了解自己。

為了確定的結果做事，就有失敗的可能。但如果行動的意義在於自我探索，就無所謂「失敗」。無論結果是什麼，你對自己的認識都會增加，你會更清楚自己有哪些特點。有一些方法或許對別人管用，而你有另外的偏好。

試試看，帶著這種心態做事，會不會更簡單？

「原生家庭」常被當成「童年陰影」的同義詞。這是流行於當代的一種傷痕敘事。人們在孩提時代遭遇的不幸，天災人禍也好，父母失職也罷，或者是觀念的偏狹、風俗的落後，都在成長關鍵時期留下了痛苦的烙印，其影響被認為會持續到成年之後。

「我還能走出原生家庭的陰影嗎？」很多個案都會如此問。

要走出原生家庭，先要理解它會以怎樣的方式影響到成年之後。這一章的問答，提供了不同的個案樣本：有的需要在物理上和父母拉開距離，有的需要改變從小培養的思維和習慣，創造出不同於以往的生活體驗。但還有一些影響是觀念層面的，有人已經離開原生家庭很多年，遇到問題時，當下反應仍然是「都怪我小時候」。

「原生家庭」成了一種原罪，個案把當下之事和過去歷史建立了連結，自己被描述成受制於過去的、無從反抗的「受害者」，一朝不幸，永遠不幸。這其實是一種悖論：過去那些事如果不是被反覆提起，本不具有那麼大的影響力。

> 若個案為了走出原生家庭，卻把目光再次投向原生家庭，則需格外地小心。

CHAPTER 02

原生家庭的
是與非

01

血緣與母親的期待

問

　　我有一個小小的問題，就是如何脫離控制欲強的母親，並且樹立自己的界線？

　　我七歲時父母離異了，過程轟轟烈烈，反正結局就是我跟隨母親換了一個城市生活，從此相依為命。我媽媽的家庭十分複雜，從我有記憶開始，她就非常叛逆，所以我們極少與其他親人往來，逢年過節都和媽媽一起度過。我是一個沒有青春叛逆期的孩子，按照母親的說法是我被保護得非常好，她傾盡一切為我付出。

　　不過到了戀愛期，麻煩就來了。媽媽不喜歡我的男朋友，或者說一開始喜歡，但論及婚嫁時，她和對方父母產生爭執，鬧得非常不愉快，至今都不再正眼看我老公及其家人。

　　我傷心難過的時候問過自己：如果一切由我決定，是否仍

要走入這個婚姻？答案當然「是」，因為我想結婚。所以即便沒舉行婚禮，我也結婚了。至今十年過去，彼此依然相愛，孩子七歲，也聰明可愛。

我的困擾是，在這麼多年的拉鋸戰中，母親不時用刺耳的言語指責我，嚴重時還會動手打我。她的訴求是：我一生都被你毀了，你有家庭、有孩子、有疼你的老公，那我呢？你用什麼還我？

孩子小的時候還好一些，她與我們一起生活，有家務瑣事忙碌、有孩子陪伴，她也是快樂的。但現在孩子大了，我們小家庭有自己的飲食起居，她似乎成了一個多餘的人。她辱罵我的內容一成不變，甚至變本加厲：她當年帶孩子的辛苦付出，卻換來我的不孝順，真是忘恩負義。

其實我以前會擔心，如果完全不依靠媽媽，她會感到失落、有被拋棄感。所以她照顧孩子，或者與我們相處，我都儘量配合她的情緒，但她會用更多的虧欠感來勒索我，讓我很難過，非常想逃離。舉個例子，她會買好菜到我家，按照自己的意願做菜，希望我們誇她。但這些飯菜我們並不愛吃，她也不在意我們是否喜歡，因為她覺得付出了就是偉大的。

今年過年我沒有回娘家，正因如此，她從年初二就開始生氣，好幾天都不跟我聯絡。好在我們已經分開住了，有了距離，似乎可以彼此冷靜一下。但逃避不是長久之計，我希望找到一個方法，向母親表達自己的態度和觀點。請老師指點，謝謝！

答

你已經很了不起了。

我看過很多被原生家庭（主要是父母）反覆糾纏、難以自處的案例。你的應對堪稱典範：足夠堅定，又非常善良。每一步都沉穩踏實，按照自己的意志安排婚姻，經營家庭，和媽媽保持距離。

媽媽當然會很痛苦。這沒辦法，因為她的痛苦來自其成長經歷，不是你的問題。或者說，即使你再多說一點、多做一點，也不可能讓她更好過。

能使她感受好一點的，只有時間。

你說「她氣到從年初二至現在都不與你聯絡」，你強調的是她不變（生氣）的一面，但她是會有變化的，哪怕變得更生氣、更絕望，也屬於一種變化。也可能會有（一點點）冷靜下來的時間，消化一些情緒或者反思；抑或反覆自憐，沉浸在受害者的敘事裡，或某一天突然厭倦這些陳腔濫調。

時間很神奇，沒有一種狀態是永恆的，不是你變，就是她變。過去一直是你遷就，這次就把她當成一個會變的人，不妨等等看。不要預設她不聯絡就是生氣，萬一她是在適應一個人生活呢？下次聯繫她的時候，先用正常的語氣招呼：「新年快樂！我們做了你愛吃的東西喔。」

她怎麼接，都把她假定為有能力的、成長的人。如果她不是，別失望，給她一點時間，下次繼續。你不需要再改變。我

認為你已經做到最好：在保持距離的前提下，有一點適度的關切。既不絕情，但也不要無端成為出氣筒或代罪羔羊。保持你的穩定，剩下的，她會學著適應。

你對此有什麼想法？期待你的回饋。

 ## 回饋

首先謝謝李老師對我的回覆，很驚喜，也很感恩。

寫下回饋是在凌晨兩點，因為我晚上去看了媽媽，回到家心情已平復，正好寫回饋給老師。

媽媽不聯絡我的日子裡，我持續發訊息給她，基本上不提生活方面的需要，只是問問她在幹什麼？吃飯了嗎？諸如此類。一直收不到回音確實很擔心，但透過共用的視頻 APP 帳號，我看到她在追劇，確認她一切平安。

稍後我試著發了一些長訊息，提及自己的工作計畫，開學以後接送孩子的安排，讓她知道我的生活井井有條。

今天我收到了媽媽的回覆，約我在她的公寓見面。

說實話，見面之前我非常緊張，甚至提早一小時坐在車裡做好心理建設。我擔心她會對我吼叫，連帶引發過激行為，還麻煩朋友在附近的咖啡廳等我，以防萬一。

非常幸運，媽媽比我想像中平靜。失聯的日子裡，她找了一份工作，很氣、很忙，也懶得理我。這次她約我，是想把自

己從小到大的故事講給我聽。我猜她應該是花了很長的時間去思考，希望告訴我她的經歷，讓我理解其中的艱辛和不易。

故事從她作為遺腹子開始，童年的苦、婚姻的苦、獨自帶我的苦、我結婚時她的委屈和付出……持續講述了大概三個小時。媽媽有時候崩潰大哭，有時候生氣控訴，有時候驕傲地眼神發光。我沒有哭（或許有流出一點點淚水），還幫她擦眼淚，但是很快地，我就覺得好像在看另外一個人。

這種感覺很奇怪，因為她小時候吃苦的故事讓我很難過，但是回到離我記憶近一些的部分，我又非常冷靜。甚至能判斷出最近幾年的家庭衝突裡，有哪些是媽媽斷章取義了，雖然很多衝突確實深深傷害了她。

我被質問為什麼一輩子傾盡全力的付出，卻換來一個不知孝順的女兒，也被追問為什麼她身為長輩，卻得不到來自我和我丈夫的尊重。

對於婚姻的控訴我都沒有回答，我說，現在出現問題的是我們倆。媽媽說，她期望我是熱情關切、時刻問候、常常撲過來的溫暖型。

我如實回答：我做不到。

我說：這是第一次媽媽講完完整整的故事給我聽，你真的很辛苦很偉大。其實你不講我也能感受到，屋子裡有一頭大象。我在你眼裡或許又蠢又笨，但我作為一個小孩，已經用了最大的力量去哄你開心。我記得你半夜哭，記得你晚回家，記得你受傷住院，我都記得。我只是覺得無以回報，這一切太沉重了，

我還沒有過好自己的人生，更不知道怎麼幫你負擔人生。我不討論我自己的婚姻問題，不討論兩家之間的問題，其實問題只出在我們之間。我長大了，不能像小朋友一樣依偎在你身旁，雖然還做不到親密，但要不要試試像朋友般互相問候？

我講出了我的想法，她也繼續表達自己的極端意見，例如某網紅被問到父母不認同子女的婚姻該如何處理時，竟回答說「最大的孝順就是婚姻大事聽父母的」。

從來她累了，談話就中止了。

離開的時候確認她躺好了，我親了她一下後才走。這是整個晚上唯一一次親密接觸。關上門轉身時，我眼淚就流下來了，我獨自在車裡哭了半個小時。我覺得好難過，媽媽為我付出了太多。我有道德感被撕扯的感覺。

回家以後我冷靜想了一下，事情可能是在慢慢變好。至少媽媽去工作了，無論工作是否順心、是否受委屈，至少她有接觸其他人的機會。

聽她講故事的時候，我們的小凳子離得很近，有幾次我低著頭聽，她還關心地問我是不是睏了。彷彿我變成了母親，雖然很心疼，但也要學著放手，讓媽媽獨自一人正視自己孤寂的人生。

剛才我發了一則訊息給媽媽：

謝謝你今天講故事給我聽，我非常非常幸運和感恩有這樣的媽媽。只是媽媽太苦了，所以敏感得像一隻刺蝟，被扎到後

就想逃跑。原諒我很笨拙地表達我的愛，我愛你，媽媽。

以前是小孩子的愛、少女的愛，現在是一個承擔生活壓力的中年人的愛。我希望更努力一點，可以讓媽媽減少生活負擔。工作想做就做，不想做就休息，改換一些感興趣的事。讓我們一起保持身體健康，日子會越來越好！

媽媽可能是睡著了，沒有回覆我。但明天又是新的一天。

非常嘮叨的一份回饋，感謝老師的指導。其實我最喜歡的一句話，也是關於時間的──葡萄酒的祕密是時間，一切的祕密都是時間。

 ## 幾周後的第二份回饋：

中午陽光很好，果然曬太陽是容易讓人開心的！

今天睡醒以後發訊息給媽媽，說我帶著孩子，約她去餐廳一起吃午飯。

因為有孩子在，媽媽非常開心。抱怨的話只有幾句，我沒有接話但略有反駁，比如指出媽媽舉的例子裡，那些對父母百依百順的孩子，都是依靠父母在啃老。我沒有這樣的背景和依靠，當然需要自己去奮鬥。

然後媽媽就不再抱怨了。吃飯的時候我主動照顧一老一小。七歲的女兒說：「媽媽，我多希望外婆和我們住在一起。」

我說不要，我們和外婆要換一個相處模式，她不是我們的生活保姆，也不是只有照顧我和你這一件事，她有自己的生活，我們以後要常常和外婆約好吃美食、或到處去走走看看。

　　我想我能做到的，是用教育孩子的方式對待媽媽。

　　媽媽那些令我反感的行為和語言，如果不方便反駁，就保持尊重和淡漠。但如果她用更健康的方式對待我，我會積極回應，讓她覺得這個方向是對的。

　　這一路真的好難，我不只一次羨慕其他溫暖的母女或者家庭關係。我對自己說，有希望，就值得堅持下去，我的目標並不是只過好自己的生活，還希望媽媽也能平安快樂。母女一場，情義無價，她對我傾盡全力，我至少也要做到無怨無悔。

　　再次感謝李老師這個溫暖的「樹洞」。

 ## 十個月後的第三份回饋：

　　今年就要過去了，回想起這一年最難忘的事情，當屬和母親的關係扭轉過來，不勝感激。在此補上一份值得欣慰的後續進展報告。三月份開始以全新的姿態，面對獨立居住的母親後，也產生過一些來來回回的拉扯爭吵，但都可以承受。

　　夏天的時候，我們用自己的積蓄買了一間房子，讓漂泊毫無安全感的媽媽踏實了一些。所有的家電和裝修費用由我們負擔，但是擺飾和家具都選擇了媽媽喜歡的風格，讓她說了算，

她像個小孩子一樣開心。

　　老公也非常支持且願意和我一起盡快把媽媽安頓好。所以這件事之後，媽媽對他的態度也有了很大轉變。

　　現在我們各自有了稱為「家」的獨立空間，媽媽也開始積極拓展自己的朋友圈了。

　　我有時候會想，心態轉變只是第一步，剩下的還是要靠自己行動。如果我能更早一些努力和奮鬥，及時給媽媽幸福的生活，她也不會發瘋般一直糾纏我，該有多好！可是我也沒辦法讓時光倒流。即便已經在拚命工作，偶爾也會偷懶、力不從心，也想輕鬆一點，然後又原諒了自己。就當一切是最好的安排。但願好日子從現在開啟，為時不晚。

02

為了告別的停留

　　李老師，最初關注您的文章，是因為父母在一年內相繼去世，朋友為了開導我，推薦我閱讀的。今天似乎有股衝動，想把自己的困頓對您傾訴。

　　已經七月了，我還在趕博士論文。是的，我延期了，我原想在八月畢業。論文即將匿名審查，我覺得希望越來越渺茫。父母的事分別發生在碩士口試和博一下學期，我不知道有沒有直接的影響，可是我這三年確實像變了一個人，變得不積極主動，所有的事情都得強逼著自己去做，哪怕迫在眉睫了，也毫不在乎。論文方向定了之後，綜述一直拖著，拖到實驗結束也沒寫多少。加上疫情在家待了大半年，我幾乎都是獨自關在房間，僅有的聯繫是每天和男友的幾通電話。

　　我不認為自己是一個特別懶惰的人，但確實所有的事情都

在拖延，寫論文更是這樣。別的同學都畢業了，我其實很難過，覺得自己像個廢物，行動遲緩，連投履歷面試這種事情都需要逼自己。周圍所有人都對我很失望，總責罵我，我也非常討厭這樣的自己。

曾經有過想逃離世界的念頭，但只是那一陣子而已，最近沒有了。然事實就是所有的事情都一敗塗地，我不甘心繼續墮落下去，又找不到改變的方法。感覺自己沒有明天，卻還像阿Q一樣自我安慰。其實內心很不開心，也很不安穩，想一走了之，卻越陷越深。

和導師商量八月畢業的時候才說了父母的事。我終於說出口了，以為自己能藉此改變，可是這兩個月我還是進度緩慢。我不知道要怎麼去跟導師敘述這樣的狀態，再也找不到藉口了。講出這件事並沒有催化我的工作進度，我依舊像一灘死水。請問該怎麼改變才好？

你好！謝謝你對我的信任，說了這麼多。因為無法評估你的具體進度，我就按最壞的情況，如果你八月畢不了業。說不定要明年，甚至後年？

導師那邊不是問題。我先講一下導師看問題的角度：你就算晚一、兩年畢業，對他來說也並沒有什麼大的損失。延畢是

常態，一延再延不是少數，延到最後沒畢業的也有。每個導師都聽過、見過更複雜的情況，只要你還平平安安地待在學校裡，和他仍有聯繫就萬幸了。

你更需要考慮的是工作。不確定你是否已簽了三方協議，如果延畢，要及早告知未來的工作單位。先把最壞的可能說出來，例如不排除延畢一、兩年，看看應該怎麼辦。該怎麼辦就怎麼辦吧，學校的就業輔導中心會協助你處理。

其實，放在人生量尺上看，早畢業還是晚畢業、什麼時候開始工作，一年、兩年都可以忽略不計。哪怕是退學，也不過是損失了三年。人生那麼長，三年不算什麼。真正重要的是：你有沒有做好準備，從人生這個階段，邁入下一個階段？

這件事急不得，你只能順著自己真實的心意來。很多人像你一樣，會在邁入下一個階段之前徘徊。那也只能先暫時徘徊，等自己準備好。

我不會催你寫論文，慢就慢吧。比起這個，趁著還沒畢業的時候，重新思考一下你對未來的恐懼、迷茫、猶豫，要有意義得多。你反覆提到過世的父母，我不確定跟你的狀態是否有關聯，但你可以試著這麼做。

請每天晚上入睡之前，利用十分鐘，對著父母的照片在心裡做一段對話，告訴他們你為什麼不想邁入下一個階段。也許是「沒有你們我會害怕，我不想一個人往前走」，也許是「我還在生氣你們拋下我」，甚至可以是「我不知道為什麼，但我只想停留在現階段」。

請你想像一下父母的回應。每天進行一段這樣的對話，十分鐘就夠了。

　　最後，無論對話帶給你什麼，都要保持現在的進度，慢慢寫論文。不能比之前更快。

　　這樣堅持一個星期，請寫信回饋你的狀態。

回饋

回覆後兩周，尚未收到任何回饋。

複盤

　　這篇文章發表在網路上後，很多讀者留言說很感動，也期待看到個案的變化。但是到了約定的時間都沒有回饋。

　　是干預失敗了嗎？我並不這麼想——現在說未免事後諸葛，但我當時就想到過，個案也許是打算在有更大的進展之後，再告訴我。

　　之所以這樣猜，是因為從她的來信中，感受到其過度承擔。拖延的理由有很多種，最讓人心疼的一種就是：「我必須完全做好一件事，才敢向人交代。」他們不是不負責，而是過於盡責。假如這位個案了解我的回覆後，真的可以隨隨便便置之不

理，那她就不會有拖延的困擾了。

　　不用催，無須施加更多壓力，我倒希望她能更放鬆一些。干預的目標本來就不是什麼時候交論文、交回饋，而是讓她相信早一點晚一點都可以，不必因為自己的狀態進一步自責。有一天她會看到，走不動是因為負擔了太多。希望她可以從想像對話的儀式中放下一些心結，安心一點。

三個月後的回饋

　　李老師，我是七月份〈為了告別的停留〉那篇回饋實驗的個案，不知道您還記不記得？真心和您說聲抱歉，因為後續論文和畢業的事情，沒有及時給您回饋和回覆。

　　跟李老師報告一個好消息，我剛剛結束口試，正在整理畢業的相關資料。

　　其實此時此刻，我依舊有很多困惑和迷茫。工作還沒有定下來，也沒有具體想要傾訴和詢問的，但就是覺得應該給老師一個回覆。哪怕是我並沒有做到老師的建議。

　　老師說的那個方法，我第一天就沒有執行。亦即完全不能去想，一開始就哭到進行不下去，第二天、第三天都是，之後就沒有堅持了。後來逼迫自己全力投入論文，便暫時擱置。

　　這幾個月的日子確實很苦，但是完成之後輕鬆了很多。除了論文審核和修改的問題，生活中最大的波折，是在等待匿名

審查結果最緊張的時候，卻發現男友偷吃，恍惚失神了幾天，然後轉移注意力去準備口試和工作的事情。

好像自己慢慢有些力氣去做最緊迫的事情了，哪怕仍舊需要上緊發條。我似乎有點享受這種狀態，甚至特別害怕其他不好的事情或者情緒，扼殺掉好不容易恢復的、對自我的一點點信心。

我不覺得自己徹底改變了，或者完全恢復了，但似乎是轉好一些了。

我想把這個「好一些」慢慢堅持下去，就像李老師說的那樣，不著急，一步一步來，學會去生活，或者說，學會去活著。

老師給的具體建議雖然還沒有做到，但是讓我開始反思或者審視自己這兩年的改變。確實自己都沒有意識到父母離開帶給我的影響。像是一個迷路的小孩，找不到方向，或者，不願意去找到方向。我不能跟老師確定說一定能找到那個方向，或者什麼時間能找到那個方向，但是我已有了力氣去試一試。

真心感謝李老師。文字溫暖，字字刻骨銘心。

03

難以擺脫的否定聲音

　　我和我媽一直難以溝通，甚至從來沒有在一個稍微平等、平和的氛圍中說話。她是老師，所以總是權威且事事是對的。小時候我如果提出疑問或反駁，她就說她是大人，小孩子不能這樣跟大人比；等我長大了，她又說她老了，我能不能不要這麼不懂事？──所以我只能妥協、只能忍讓，每個階段都乖乖聽話，按部就班考高中、考大學、考研究所。

　　似乎到現在也沒能擺脫。

　　而且，她總是把我所有的努力和付出，都當作理所當然，視而不見，然後說別人家孩子做得更好，導致我現在雖然是研究生，但打從心底特別特別自卑。因為沒有像她朋友孩子那樣考上「九八五」（編注：九八五指一九九八年五月，江澤民要求集中資源發展的三十九所重點大學），因為沒有找到她朋友

孩子那樣年薪幾十萬的工作，因為英語六級分數沒有別人家孩子考得高，因為沒有去考特定的證照（儘管我不屬於這個專業）……

大學時，如果沒有一點成就，我甚至不敢打電話給她，因為我知道電話那頭別人家的孩子永遠比較厲害。所幸我的表現也沒有那麼差：成績優異拿獎學金，她毫不在乎；參加學校活動，她覺得很正常；經歷幾輪的面試通過，她認為是應該的。當我開開心心告訴她，我可以參加舞蹈比賽時，她第一句話不是鼓勵，而是質疑：你為什麼不是站在第一個？為什麼主角不是你？也不是每個學生都可以站在舞台上，我就那麼不值得被表揚嗎？

從那以後，我覺得自己非常失敗，再也沒有和母親分享的欲望。因為總是不夠好。漸漸地，我再也不想說什麼了。然後被批評，變得更內向，不愛說話，不會表達。

我很想正常生活，理性溝通，而不是在她的威懾下過日子。我亟欲擺脫這個局面，卻又擔心被認為不懂事、不能理解父母。我該怎麼辦？

媽媽沒有給你足夠的鼓勵，對你影響很大。

這一方面讓人難受，一方面也有好處。好處是可以把很多

問題，歸因到「媽媽不鼓勵」上。比如：你覺得自己失敗，你沒有分享的欲望，你很自卑……都能說是「因為沒有得到媽媽的鼓勵」。

但如果奇蹟發生了，媽媽對你失去了影響力，我會擔心萬一你的情況沒有立刻好轉，同時又喪失指責媽媽的立場（照樣會覺得自己失敗，照樣沒有分享的欲望，照樣自卑……），豈不是只能靠自己承擔這一切？

我不知道這會不會讓人更難受。

所以，我想邀請你做一個實驗：假設接下來一周媽媽穿上了隱身衣，戴上消音器，也就是說，她說什麼做什麼，你都看不見了。這一周她影響不了你，你完全可以按照自己的心意，想做什麼就做什麼，不管她有沒有鼓勵或指責，你都聽不見，也不在乎。我們看看這會讓你感覺更好呢（因為自由了）？還是感覺更不好（因為失去指責的對象）？

做完實驗，也許有助於我們用更合理的方式擺脫她的影響。請在七天後告訴我實驗的結果。

 回饋

感謝李老師的回覆，讓我很感動，也覺得自己好像還有救。說說這一周的感受，不知道自己做得好不好，算不算得上是回饋。

一方面，像是得到了某種特許，有點如釋重負的感覺，可以偷懶，不用思考和處理情緒。於是和我媽沒有那麼多衝突，壓力降低了，也少了一些負面情緒。另一方面，突然發現我每天還是會被影響，但不僅僅是被我媽影響。

譬如高考成績剛剛出來，遠房親戚的孩子今年運氣不好，沒有考上，但他其實很聰明。而我的中考、高考都只是運氣好才上的，好像自己又被全部否定了。

又如同學學會了做一道菜就被爸媽表揚，而我從小就會做，現在做也只被家人認為再正常不過，當然也沒有得到讚許。說實話，我還是很羨慕同學的，心裡有一點點不平衡。

這幾天，我媽知道我在準備一個考試，她依然說她朋友孩子考過了，所以我也應該考得過，沒有理由考不過（彷彿沒考過就是不孝、不認真、不努力、不能被原諒……）。

但這是第一次我沒有理會她，只是跟我爸講了，這個考試並不容易，也不是沒考過就整個人生喪失價值。壓力轉移了一部分，整個人也輕鬆了一些。

很奇妙的感覺。沒有把媽媽的話視為權威的一個好處是，似乎不用那麼唯唯諾諾與小心翼翼，反而得到她的一點尊重，和一點點話語權。做錯事改正就可以，不是完全抬不起頭，也不是完全不能溝通。

抱歉，寫得有點混亂。這也是我最真實的感受了。再次感謝李老師。

複盤

個案回饋：「這是第一次我沒有理會她。」似乎很神奇，明明一周前的信才說「不能擺脫」，怎麼突然就有了擺脫的力量？

但我並不覺得意外。

力量一直都在，只是沒有動用。這是「目的論」的觀點：假如有一件舉手之勞的事始終做不到，排除為某種缺陷或障礙，另一種解釋是，出於某種目的而特意「不去做」。一個成年人有能力拒絕媽媽的影響，卻沒有拒絕，除了來自母親的權威之外，多半這個影響也是他自己想要的。

有人說：「這位個案聽到的都是批評啊，這也是自己想要的嗎？」

當然有可能。若一個年輕人對現狀感到不滿，對自己要求很嚴厲，同時也希望多體諒一下自己，那他就會說：「我已經盡力了，值得鼓勵」、「都怪媽媽還在苛責我」。這樣一來，就可以利用父母的要求，去擺平內心的衝突。看起來好像「難以」擺脫父母，但這總比承認自相矛盾好受一些。

我這樣說，並不是為了戳破或者批判誰。我認為這也是一種值得尊重的智慧。我們充其量只是用一種假設的方式，要表達一點好奇，假如有幾天不受媽媽的影響，瞥一眼生活會有什麼不同？

這一眼，就會看到不一樣的風景。也許當事人是有能力擺脫

父母影響的，只是擺脫之後，還有很多屬於這一刻的功課——自卑也好，不夠成功也罷——那些煩惱依然存在，並且作為自己的責任，終究只能自己承擔。這讓人看得更遠，也更累。

　　也許不一定要立刻接受這樣的事實。我們仍然可以把一部分衝突，交給「原生家庭」。大多數原生家庭問題都可以這樣看：你並非「只能」受困於過去，你可以選擇。「有能力選擇」，這就夠了。看完這一眼，還可以回到原生家庭的旗幟下，按自己的節奏向前走。

04

控制不住吵架，
那就……

問

最近，我和父母的關係陷入緊張的氛圍。

今年我已從研究所畢業，打算再隔一年才繼續申讀博士，因為有自己想讀的方向，之後也想從事科研相關的工作。父母不了解我的想法，總是不斷地向我灌輸他們的觀點，例如：公務員、教師這樣的職業挺不錯的，回家鄉吧，一切無憂，要是申請不上博士就會浪費一年青春……諸如此類。

我不喜歡聽到這些話，因此會做出「自我保護」的態勢，經常頂撞父母，其實我只是想表達自己的想法。這時父母也會生氣，然後「反攻」我，雙方最後不歡而散。

但我突然意識到，當我向旁人提及這件事的時候，強調的是父母不聽我講話，我無法表達，我好難受。但朋友卻會說：你父母好強勢。

而從父母的角度來看，可能是另一個故事：孩子不尊重他們，以自我為中心，總是用很不和善的語氣講話，好像父母說什麼都是錯的。他們說一句，孩子回嘴好幾句。父母這些話都是肺腑之言，這麼大的孩子怎麼還不懂事呢？真是令人難過。從以上的敘述可得知，我就是那個不懂事、亂發脾氣、我行我素、不體諒父母的孩子。

　　我其實挺願意和父母聊聊自己的看法，但一想到又會陷入緊張的氛圍，就望而卻步。久而久之，我們之間的隔閡好像更深了，不知道有什麼方法可以化解這種劍拔弩張的情勢呢？

　　這種氛圍很正常，很多人在正式離家之前，都會和父母這樣爭吵幾年。也許這是一種無意識的成年儀式。

　　你的目標是化解這種情勢，我很贊同。但我們不太可能一下子把氛圍打破，你得把第一步訂得簡單一點。

　　如果想讓父母看到，你不是那個「不懂事」、「亂發脾氣」的孩子，請你告訴他們：每次爭吵你只是控制不住情緒，而不是真的想讓他們難受。為了表現這一點，只要你發現自己又頂撞了父母之後，就為他們做一件小事，比如倒一杯水（或者其他），讓他們感受到你的善意。

　　你還是可以繼續爭吵，這是控制不住的。只是吵完了要做

點不一樣的事。讓我們看看利用這種方式，會不會帶來一點點變化？

期待你的回饋。

 ## 回饋

非常開心看到李老師的回覆。其實在傾訴困擾時，我就意識到我和父母看事情的角度是非常不一樣的，最近和他們也沒有什麼爭吵。

不過昨天，我又對媽媽發火了，後來我冷靜下來，剛好想到了一種類似李老師建議的方法，就是告訴媽媽我不是想讓她難受，而是誤會她的想法了。但是我並沒有採取行動（好像這麼想想就輕鬆了，罪惡感也少了一點），現在看到老師的回覆非常驚訝，原來和我昨天想得相當類似。

我決定以後當雙方都堅持己見的時候，不只停留在想像層面，還可以勇敢做些嘗試。

有趣的是，我集中注意力等著試用老師的建議，卻在之後的兩天幾乎沒有和父母發生爭執。我想，可能是我嘗試換位思考的時候，氛圍已經有一些微小的變化，至少我的感受已有了不同。

雖然明白「說服父母改變想法並非易事」，但在衝突的當下，卻迫切地渴望父母可以理解我。這種渴望如此強烈，以至於我很難在那一刻換位思考。這幾天，我一直在考慮，行動上

的證明可能比爭辯更有力一些，所以注意力更多地轉移到自己的學習上。每天集中精神為自己的目標努力，同時也嘗試做一些運動，幾乎很少出現情緒失控的狀態。

在之後幾天的體驗中，我沒和父母發生什麼衝突，也沒什麼機會試用老師的建議。或許建議已經奏效了，至少我與父母間的爭執日漸減少。我曾期待能找到與父母和平溝通的方式，現在我倒覺得暫時擱置也無妨。當前階段，我申請讀博士的目標非常堅定，接下來的半年也會集中於此。我想，行動本身可能也是向父母傳達自我的好辦法吧。

最後，再次感謝李老師的回覆！

一年後的第二份回饋

李老師公眾號提到，要把這些回饋案例編成一本書，我很想分享一下一年後的變化。（編注：公眾號是類似 Facebook 的粉絲專頁。）

去年此刻，我還在不確定性的漩渦裡搖擺。今年此時，我已經如願成為我想讀的這所學校的博士班新生啦。

和父母的矛盾與衝突，也得到某種程度的減緩。我從事實和行動層面，證明了我的想法是可行的，目標是可達成的。再次感謝松蔚老師去年的回覆和建議，我開始期待這本新書啦！

複盤

比起「不要吵架」，更有效的建議是「繼續吵，吵完倒杯水」。前者是在講一個道理，正確，但是不知道怎麼做。後者則是一個具體的動作，只要想做就能做到。當然了，後者聽起來「不太能解決問題」。但解決問題，未必需要一個人發生由內而外、從頭到腳徹底的改變。他也可以還是他，帶著他（暫時沒能解決）的問題，只是做了一點不同的動作。

在我看來，完成一個動作，比想明白一百個道理更有用。這樣做還有一個附帶的好處，就是讓這件事變得輕鬆了。

「不要吵架」是一根隨時繃緊的弦，「吵了再說」則有一種隨遇而安的輕鬆。這反而有助於我們情緒平穩。有些情緒不再被刻意關注之後，自己就會淡化。這叫作「看見」或是「允許」這些情緒。反過來，越是不被允許的情緒，就越難以自控。正如個案體驗到的，允許爭吵之後，爭吵的衝動反而少了。

還有一種可能，就是有人聽到我這樣說，感到不服氣：「這建議未免太小看我了，憑什麼說我只能繼續吵？我偏不吵！」可以啊，有時候激將法也是管用的。假如因此有了自我管理的動力，不是更好嗎？

05

不敢反抗的困擾

您好，李老師！我有個困擾：小時候母親就去世了，後來父親續弦，但繼母很強勢，總是嘮叨埋怨，說我這不行那不行。

小時候不敢反抗，現在好不容易長大了，我發現自己還是相當畏懼膽怯，害怕別人嘮叨埋怨。當對方用言語攻擊我的時候，我不會反抗，只會呆住，之後又氣得發抖。我該怎麼辦？

有研究發現，在童年時期失去親人的孩子，對逝去親人最難說出口的一種情感是「生氣」。被重要的人拋棄的生氣——「你拋下我而去，讓我留在這個世界，一個人遭受那麼多委屈。」

活下來的人會生氣是有理由的，但這份生氣又不容易怪在逝者身上，因為生者心裡認為：「你（逝者）遭遇了比我更大的不幸，我怎麼有資格再去責怪你？」

　　如果不能表達出來，這份生氣就會轉變成別的東西。

　　有可能，你現在明明有能力反抗了，卻不反抗，讓自己始終處在小時候被繼母欺負的位置上，這是你用來對亡母表達生氣的方式。

　　所以，我的想法聽起來有一點奇怪：我建議你用一個儀式把生氣變成語言，看看這樣表達會不會更直接一點。每一次，你被人埋怨又不能反抗的時候，請你找一張母親的照片，對著它說：

　　我太生你的氣了！我現在忍不住一遍一遍讓自己受委屈，就是為了讓你不要離開我！

　　不知道這樣說完，會不會帶來變化？或者你也不願意說這句話（如果使你感覺不舒服，那就不要說）。無論如何，一周之後請給我一點回饋。

 ## 回饋

　　李老師，看到您的回覆，我太激動了，想哭。

這個問題困擾了我很久。我兩歲多的時候，母親就去世了，僅有的一張照片還不知道藏到哪兒去了。我沒有照片，只是試著在心裡念那句話。不知道沒有照片行不行？

說完我就哭了，有種說不出來的感受。似乎理解了自己為什麼會這樣，又有一種與過去告別的輕鬆感，覺得自己以後好像可以不再去懼怕那些厲害的人了。

這只是感覺，不知道下回遇到強勢或厲害的人，是否能勇於反抗。即使不敢反抗，我相信每次受委屈，便會在心裡默念李老師那句「我真的很生氣，我不自覺地一次次受委屈，就是為了不讓你離開我」，總有一天我會和過去告別。

李老師，我會一直觀察自己。如果有一天我學會反抗，不懼怕厲害的人了，會把這個好消息第一時間告訴你！

非常感謝李老師的「樹洞」，就像解憂雜貨鋪，我心裡期待可以得到解決的方法；得到回覆後好開心，又寫了這樣一封信。

06

面對催生的壓力

問

我一直是個戀家的人，平時生活其實很獨立。原本非常享受回家度周末的時光，但大學畢業後，爸媽的話題開始圍繞在談戀愛；戀愛了，又離不開結婚；結婚了，就繼續糾纏在買房子和生孩子。

這大概是普遍現象，也沒什麼稀奇，只是我不太懂得如何應對。一方面，婚姻中有些困惑，似乎無法和父母說清楚，很多事情也不見得就能按計畫進行；另一方面，也感覺矛盾，知道父母說年齡什麼的不是沒有道理。可是又不覺得是合適的時候，還有很重要的問題沒有解決，總不能就這樣被推著走到下一個階段吧。我心裡當然明白：就算房子搞定了，一胎來了，接下來不就是開始催二胎了？

三句話就聊到這些話題，漸漸地我開始不敢回家了。怕和父

母聊天，怕進行中的話題突然結束，因為立刻又會扯到催生上。可是內心卻無比煎熬。時間一點一點過去，我們都會變老，能聚在一起的時光也沒有很多了。

再回到自己，不是頂客族，但確實對婚姻還有疑慮，對方也不著急。只是雙方父母催生的壓力，讓我有些喘不過氣，每一次對話都是「你得趕緊生，我們等得好焦慮」；也會用種種例子提醒，女人老了就不容易生了。好像我喜歡拖延，不在對的時間做對的事。

我想，這是一個沒有答案的問題，畢竟未來的事情誰也不能預知。只不過還是很好奇，松蔚老師會怎麼建議呢？

應對父母的辦法倒是簡單：不理。

他們有權催生，你也有權把他們的聲音當耳邊風。但我猜這不能解決你的全部煩惱。

你自己也在糾結。困住你的不只父母的聲音，他們就算不吭聲，但仍然有一部分壓力存在，那就是時間。時間一年年地流逝，而你暫時還沒想好自己需要怎樣的生活，這是煩惱的根源。而煩惱本質上是針對自己：你也不知道自己想要什麼。

家人念著催生的咒語，反而幫你消解了一部分壓力，把個人的煩惱轉移到家庭的矛盾，好像全部問題都來自他們的

「催」。他們樹立一個標靶。盯著這個標靶，關注點就不再是「如何安排未來的人生」，而是「如何應付家人」。

這是一種應對壓力的策略：轉移焦點，擱置主要矛盾，製造次要矛盾。這種策略對你是有用的，你可以鼓勵父母多催你，然後理直氣壯對他們發火，透過這樣的吵吵鬧鬧，消解這個問題。

另一種應對壓力的策略就是認真思考，想清楚現在的問題在哪裡，你想要什麼。這就不能逃避了。如果你決心這樣做，就和父母好好談談：「最近一段時間不要再催我了，讓我自己靜下心面對這個問題。你們催我，反而會轉移焦點，請你們保證一年內（或者你認為足夠長的時間）不再重複同樣的話題，讓我專注思考，我會在年底告訴你們我的打算。」

兩種策略都不錯，但你傾向於用哪一種呢？你可以先想一想，一周之後，再告訴我你的答案。

 回饋

謝謝老師的建議。

您問我傾向於用哪一種策略，我想了大約一周，在這個過程中竟然也有點釋然了。說到底還是不清楚自己該往何處走，但時間擺在那裡，而任何一個決定都會產生責任，所以在苦惱的時候，還可以想成是被催的煩惱吧。

尚未和父母直接討論這個問題，只是聊聊平常生活的小事，幫父母買些日常用品寄回去。

　　我在想，下一次回家見面的時候，面對催生，知道那只是自己轉移煩惱的標靶，應該可以做到不像以前那樣逃避或心生煩躁了。

　　在這一周裡，我花了更多的時間去思考，到底自己想要什麼樣的生活。其實我也不是很確定，而生活是不是本身就沒有那麼多「確定的事」呢？

　　但我還是更傾向於後面一種策略，知道問題終究還是在於自己，該勇敢點做選擇，不可以再逃避啦。

07

在親人面前最容易暴走

 問

我想向您請教我和媽媽相處的問題,這個困擾已經存在很久了。

我從小和媽媽兩個人一起生活,關係非常不融洽。我在其他人面前,都是溫柔可愛、有耐心、會撒嬌的性格,只有在媽媽面前,表現出最壞的自己:非常暴躁,沒有耐心,任何事都要和她針鋒相對。

從我上初中開始到現在,我們兩個就一直是這樣。大學畢業後我留在大城市工作,過年偶爾回家,這樣的相處模式還是沒有改變。

我設想過很多種原因,但都覺得不對勁:

設想1:因為媽媽是我最親近的人,潛意識裡確信她不會離開我,所以我才敢這麼做。但我和奶奶也非常親近,我們之

間就是正常的祖孫親密互動。我和男友或好朋友在一起，也都有強烈的安全感，和他們彼此之間的關係都很正常。

設想 2：我需要透過這種方式，引起媽媽對我的關注？我覺得也不是。媽媽退休後沒事做，就很關心我，我覺得非常非常煩，寧願她不要管我任何一件事（實際上她真的沒辦法插手，因為我完全拒絕）。

設想 3：我嫌棄媽媽，對她要求苛刻，實際上是對我自身認同的反射？有的時候，我對媽媽的想法，就是對我自己曾經有過的。

李老師，我想改善和媽媽的關係，該怎麼做呢？

籠統地說「非常暴躁，沒有耐心，任何事都要針鋒相對」，我還是不知道你們之間發生了什麼，不知道她怎麼惹到你，就沒辦法給出更具體的建議。

如果可能的話，請你連續三天暗中觀察，記錄你和媽媽的衝突，記住她說哪句話會激發你的憤怒。那句話最好一字不差地記下來。爭吵是如何發生的？你又會怎麼回應？最好也能記住原句。

如果在氣頭上記不下來，也可以錄音。

請在三天後回顧一下這些紀錄，看看你有什麼不一樣的想

法。那時我或許會有更多辦法。

 ## 回饋

　　松蔚老師，您建議我記錄下和媽媽的爭執內容，其實我有點抗拒。我不是非常願意記錄，因為每次吵完就過了，我很少回顧到底是誰的錯，到底哪一句話或哪一件事是導火線（但我自認為在工作及個人成長方面，都是一個勤於、勇於回顧和反思的人），所以拖了兩、三天才給您寫回饋。

　　另外，您說「任何事都要和媽媽針鋒相對」這個說法太籠統。我也驚訝了：我怎麼能那麼缺乏細節地概括和我媽之間的互動？好像我是為了吵而吵一樣。

　　以下是我這兩天記錄下、和我媽媽爭執的細節：

場景 1

　　（作者註：具體紀錄涉及過多生活細節，此處從略）

　　整體來說媽媽是非常講道理的。小時候我們吵架，如果她不對，事情過後會向我道歉。且我和她都不是性格激烈的人，就如這一次我放棄溝通，回房間關上門後，爭吵就告一段落了，沒有繼續朝更嚴重的方向演變。

　　這次我也有做得不好的地方。我的語氣到後面很激動，說教口吻很重，媽媽是被這個激怒了。即使她的想法有不對的地

方,但後來我發了脾氣,她就沒有再逼我繼續相親。而且我反思自己,對「不願意媽媽幫我介紹相親對象」這個問題,除了發脾氣,其實有更多可以和緩處理的辦法。但我連考慮一下都沒有,就直接選擇最激烈的方式。是我對媽媽缺少耐心。如果換了別人,我會考慮有沒有其他更平和的溝通技巧。

場景 2

(作者註:具體紀錄涉及過多生活細節,此處從略)

對話看起來很平淡,但我語氣非常凶。我意識到,其實我和她的爭吵,都是這樣的情況:並非真的生氣,但口氣非常不耐煩,嗓門大。我本身性格、氣場就比媽媽強,她的語氣有時是正常的、偏弱的,但我不是。單純就這件事而言,我口氣不耐煩,是因為不喜歡她在旁邊指手畫腳。她是有不對,但是,我每次都直接採用最粗暴、最激烈的方式進行反抗。

我甚至都忘記了,在成長過程中,是不是曾經發生過,我試圖和她好好溝通,但她不理我,我只有大吼大叫她才能放棄對我的管束,導致我現在用這樣的方式面對她。但下次我會冷靜一點,換個方法跟她溝通。

總整理

其實這幾天的爭吵,根本不只這兩次,而且回頭想想,這些事情完全不像爭吵,連摩擦都談不上,就僅是大呼小叫。出問題的不是事情本身,而是我的語氣。語氣不好也已足夠傷人。

我曾經和媽媽懇談過，她承認，在我成長過程中，她對任何人都很溫柔，就只對我發過最多次脾氣。我心裡很驚訝，因為我也是這樣對待她的。

我現在長大了，工作獨立了，每年陪她的時間就是過年短短幾天。她早就想和我拉近距離好好聊一聊。所有的大聲吼叫、不耐煩、不願意溝通，都是從我這裡先開始的，她反而是包容我的那一方。雖然理智上我很想改，但只要和她一見面，就自然而然地開啟暴躁模式。雖然我們彼此誠懇地交換過意見，但是，我沒有信心因為一次交談，就徹底改變對她的態度。我毫不懷疑，在我離家之前，一定還會暴走一次。

您說過，兩個人的相處和爭執，一定有他們自己的解決方式，這給了我靈感。我在想，我和我媽大呼小叫的解決方式是什麼？都是兩個人突然有默契地閉嘴（大部分情況下是她讓我）後，就沒有了下文，直到新一輪大呼小叫。我再次反思我的語氣，忽然想到，其實這並非小時候媽媽對我的語氣，而是我奶奶（不耐煩的時候）。我每次被奶奶大呼小叫後都很害怕，主動避讓。可能在我潛意識裡認為，這是有效的解決方式。

另外，我真的忘了，我小時候是否有輕聲細語，和我媽媽溝通成功的經驗。

最後，感謝這次寶貴的回饋機會，從中我整理出以下幾點：

1. 我和我媽之間的問題出自我的態度，而非事情本身。

2. 我需要改變說話的語氣。

3. 我對我媽的大呼小叫，是有參照範本的。

我仍然沒有信心能夠找到和媽媽之間良好的相處模式，但至少對我倆的關係，有了更深刻的認識。謝謝您。

複盤

　　這是個很好的例子—仔細盯著你的問題看，問題就會「軟化」。干預的思路叫作「觀察任務」，在本章最後有一段詳細解釋。這裡只是想感慨一句：那些讓我們困擾半生的問題，其實我們從沒有認真地看過。

08

是家人的要求，
還是自己的需要？

問

　　李老師，我一直很困惑，自己為什麼睡前總會吃東西，後來想起來，小時候必須吃掉媽媽為我準備的一大堆東西，像是每天都要吃酵母片幫助消化。飽腹可能是我長期的狀態。我本以為知道了原因，情況就會改善，然而並沒有。我還是忍不住睡前吃東西，造成腸胃消化的負擔，我該怎麼辦？

答

　　你好，請你保持每天晚上睡覺前吃東西的習慣。但在這之前，先用十分鐘時間寫一張清單，計畫一下明天晚上睡覺前想吃哪些東西。

這張清單要包括兩部分：

1. 如果媽媽在，她想要你吃哪些東西？

2. 你自己想吃哪些東西？

把這兩部分食物記在紙上或手機裡，確保明天按照這張清單做準備。不一定要全部吃完，但必須分量足夠。請先列完明天的清單，再吃掉今天的食物（它們是你昨天列在清單上的）。吃到不想吃之後再睡覺。

請在十天後告訴我這個建議完成得怎麼樣、這十天中發生了哪些變化，以及你每天睡前進食的量，整體來說是增加了還是減少了。

 ## 回饋

李老師您好，收到您的回覆後，我想了很多。

我可能錯怪媽媽了，她其實是個很傳統的人，吃零食根本就不在她的考慮範圍內。我也想起和吃有關的許多經歷，覺得這是一個複雜的問題。不過您的回覆讓我清醒，彷彿從一團模糊的雲霧裡突然看清楚。

第一、第二天，我其實不知道自己想吃什麼，列了果凍，但因為改變了回家路線，未經過超市而沒有買。

第三、第四天，因為放連假，我的作息有了變化，到八、九點的時候喝了粥，就沒有想到睡前再吃什麼。

後來，我沒有再列清單。大多數時候，我真的並不需要它們。

🗣 複盤

一個簡單的干預，見效卻出奇地快。

個案無須做太大的努力，不過，吃東西從一個無意識的行為，變成一組有計畫的行動（列清單）。刻意為之，變化就跟著發生。

但我不確定個案是否喜歡這樣的變化。從回饋的文字中，並沒有看出如釋重負的快樂。也許個案還沒有回過神來：這是我想要的變化嗎？雖然減輕了腸胃負擔，但也失去了和童年、和媽媽聯繫的那條線。

之後就算繼續吃，也沒有辦法把它算在媽媽頭上了。

這個干預，也讓我對「原生家庭」多了一些思考：有時候，只要我們稍加梳理（哪些東西是媽媽要我吃的？），原生家庭的解釋就未必站得住。它是一種被創造出來、功能性的解釋，看起來是為了解決問題，實際上卻是繼續維持問題。個案從一開始，就把「睡前吃零食」的行為和童年經歷聯繫起來，這讓她感嘆：雖然「看到了原因」，情況卻從未改善。

09

無法填補的缺憾

問

　　我的父母是遙遠的存在，卻又無時無刻影響我的生活。甚至，我覺得我罹患乳腺癌，也與他們緊密相關。父母在我一、兩歲時離異，之後母親從未出現，父親對我也極少關愛。自小受奶奶呵護頗多，但她早已離世。

　　現在，我在自己身上發現和爸爸一樣的強勢和控制欲，想對兒子放手但就是放不下，對他的學業過度焦慮，如果他不按照我的計畫完成每天的學習，我就會崩潰，這一點像極了父親。為什麼我會把最討厭他的地方複製到自己身上？這種遺傳太可怕了。

　　我也試圖去理解爸爸，從他的生活環境、文化背景，去思考他的人格養成。但只能暫時消解我心中的怒火，我還是不能從根本上接納他。

　　不接納就不接納吧，我不強求，如同他不愛我一樣。只是

我擔心這會影響到我與兒子的相處。我覺得一個人和父母的關係，會影響他一輩子的幸福和健康。像我得了癌症，會把部分原因歸咎父母：母愛缺失，父愛也談不上，似乎內心永遠有一個巨大的空洞無法填補。請老師指教，謝謝！

有時候，我們會用一些奇怪的方式思念父母，在童年時期缺少雙親之愛的情況下尤其如此。比如，無論生病還是對孩子發脾氣，都會讓你情不自禁地想到遙遠的父母。這不是軟弱，而是一種自然的代償反應。但我建議你用更直接的方式，來表達這種思念。

請你準備一張紙，寫上一句話：「我想爸爸了。」每次一對孩子發脾氣，你就悄悄在這張紙上記一筆「正」字（或者請孩子提醒你：你又想外公了），記完了，和你的思念一起待幾分鐘。其他時候想起爸爸，也可以比照辦理。

堅持一個星期，看看你對孩子的脾氣有什麼變化？

 回饋

一開始看到您對問題的分析，我覺得匪夷所思。但我還是

照做了：只要有「爸爸不好」的想法跑出來，我就會轉念問自己——「我又思念爸爸了？」然後，對他的抱怨就不見了。

從收到您的郵件到現在，我一直沒有對孩子發過脾氣。

最近從潛意識裡最常出現的，就是自己以前犯過的各種錯誤，現在非常後悔自責。原來對爸爸的各種埋怨，現在又轉移到自己身上。我想也許是問題「根源」已經漸漸浮現了：對自己的不滿和悔恨。

📍 複盤

這個案例嘗試了一種新的策略。同樣的問題，把負面解釋（對原生家庭的抱怨）換成正面解釋（對父輩的思念），問題就消失了。

原理很簡單：我們打破了「解釋」和「問題」之間的循環。個案遇到問題（發脾氣），把它解釋為原生家庭的痛苦，而這個解釋又會反過來作用於個案的問題，令她憤怒的情緒愈發強烈，由此形成惡性循環，問題就從偶然的、本可以自發調節的脾氣，變成了難以抑制的怒火。在這種情況下，建立一種新的解釋，個案想發脾氣，新的解釋卻讓她感受到溫情或哀傷，就不會再加重憤怒。循環也就不攻自破了。這個例子讓我們看到，問題的解釋，既可能加重也可能緩解問題。「原生家庭」作為一種解釋本身，要考慮它在問題中扮演的角色。

10

無從改變的身分

您好！我是一個出身農村，即將從××大學畢業的研究生。以下是我的問題，希望有幸收到您的回覆。

1.重度拖延。我對論文極度畏懼、焦慮，疫情在家的兩個多月，幾乎沒有任何進度，總是能找到明天再開始的藉口。我從小就害怕一個人待在家，因為完全不能自控，無法學習。導師很忙碌，所以也不催我，久久才問一次，對我的拖延也很無奈。

我快三十歲了，真的說不出口讓父母放下農活來監督我，也不敢給導師添麻煩，請他每天盯著我。我自認為是能力不足，沒有寫論文的經驗，也沒有把握，同時又缺乏學習的耐心，所以老是拖延。三年的研究所生涯，我對自己是不滿意的，因為不夠努力學習，渾渾噩噩浪費了這個寶貴的機會。

我辛苦考了三次才考上研究所,每次想想與其這麼痛苦,還不如不念了,但自己背負的期望、付出的時間,哪裡容許我這麼做。我無法想像畢不了業父母會有多失望,更可怕的是會徹底失去自我認同。

　　我也很清楚這是惡性循環,只需要「做點什麼」就能打破了,但就是不想動啊!我也不想寫得多好,完成即可,亦不想再繼續苛責自己的不努力,可是我就是寧願焦慮也不願行動。為了晚上不至於失眠,我需要盡可能地多找點事做,除了寫論文,再苦再累的活我都願意幹。

　　2. 我感覺自己需要多一些支援,卻又沒什麼朋友,況且哪裡有真正的感同身受?父母總是忙著農事,從來不會主動關心我。多希望在我歇斯底里嘶吼的那一刻,母親可以抱抱我,問問我怎麼了。我除了沉默,還是沉默。好無助,怕麻煩別人,怕別人沒時間聽我傾吐這些負能量。

　　3. 我從小就是個刻苦勤奮的窮學生,沒有背景,考大學是唯一的出路。但考上大學以後,卻覺得迷茫無助,沒有興趣做科研,也沒什麼專長愛好,固執死板,自卑敏感。大學和研究所期間都是得過且過混文憑的樣子,也不知道畢業以後該怎麼辦。

　　知道自己能力有限應該努力,可是沒有目標,缺乏內驅力。以前刻苦勤奮的自己再也找不回來了,愈發懶惰、逃避、懦弱、沒有自信。焦慮、自卑、壓力大的時候,就喜歡吃東西緩解,

但越吃越不安，對自己的認同度也越低。

4. 我也相信自己是書讀太少，想得太多，但又沒有毅力去改變，總是三天打魚，兩天曬網。不是說生命總會自己找到出口嗎？出口在哪裡呢？我渴望自己減肥成功、學業有成、滿腹詩書，有體面的工作，自律、樂觀、勤勉，孝順父母，被尊重、被認可、被愛，但是生活現狀似乎卻是相反。儘管父母沒有給我想要的關心，但他們也是盡己所能地愛我了，我怎麼忍心提出更多要求！

我非常懷念以前努力上進的自己，多希望自己可以加把勁，從這種絕望的狀態中走出來。

李老師，好希望您可以抽出一點時間回覆我，教教我如何結束這種行屍走肉的生活。

你寫了很多，流露出非常強烈的情緒。我看完之後最鮮明的印象是，你一直提醒我，你是一個出身貧苦的「窮學生」。你不斷地強調這個出身，我想，那對你而言，一定是很重要的一個身分。

在你踏踏實實做窮學生的時候，刻苦、勤奮、上進，說明

那個身分讓你安心。而考上××大學（一所名校）以後，窮學生的身分受到動搖，你開始迷茫。現在即將研究所畢業，你可能會永遠失去此種身分，轉而變成「××大學校友」這個充滿菁英氣息的身分，我猜，你對這個新的身分十分恐懼。

你像是無聲吶喊：「我並不是那個人！」

說來有點荒謬，但我想，你需要在未來的人生中，以某種方式保留「窮學生」的身分，隨時提醒你的過去，這可能會讓你多一些底氣。

我的建議是，拍一張你和父母一起從事農活的照片，擺在書桌上。每天做事之前，先對著這張照片冥想五到十分鐘，加深你作為窮學生的記憶，類似一種禱告：「我不會背叛作為窮學生的自己。」

接下來像往常一樣，該做什麼就做什麼。

堅持這樣做一段時間，七天後給我回饋，看看有沒有讓你的學習狀態變好一些。

 回饋

李老師您好！抱歉，因為拖延沒能如期回饋。

第一天

今天看到了松蔚老師的回覆，感覺喜從天降，似乎對自身

的問題，有了一點解決的信心，認真讀了幾遍老師的回答並做了筆記，然後就忘其所以。這就是我的問題之一：凡事稍有進展就沾沾自喜、自我獎勵，遇到一點開心的事，就更把論文拋到九霄雲外，會用完成任何其他事的成就感，來彌補沒寫論文的愧疚。論文就好像是我心裡的「聖母峰」，每次站在它面前都心生畏懼，不敢開始，也不想開始，在最後期限來臨之前，能開心一秒便開心一秒。

第二天

　　早上起床，選好一張用來冥想的照片，冥想了七分鐘。我反覆回憶自己從小到大在家做農事的場景，心裡默念：「不要害怕，我還是那個勤奮刻苦的窮學生，不會背叛和忘記自己的過去，不論未來要去適應什麼角色，別恐慌，更不要逃避。做好了就好，即便做不好，對比出發點落後的我還是進步良多，別勉強自己，別苛求自己……」

　　似乎拖延已經固化成我的生活習慣。習慣了拖延，習慣了一面對論文，就焦慮進而逃避，一面對這件事，就想用其他事來轉移注意力。

　　我很難獨處，更難靜下來，一會兒滑滑手機，看看無聊至極的電視劇，一會兒和媽媽聊天，和小姪女玩玩。和往常一樣又是不寫論文的一天。

　　有時會想想老師提供的建議，認真思考一下自己的問題，依舊感覺沒動力。雖然心懷愧疚，但照樣我行我素。好像我已

經偏執到寧願忍受自責、焦慮、鄙視，都不願讓自己啟動大腦去寫論文的地步。

第三天

　　冥想五分鐘，又是沒寫論文的一天。論文拖延已經變成一種習慣了嗎？為什麼李老師的建議，還是沒有產生立竿見影的效果？是因為需要一個過程，還是我沒有認真實行，抑或是我已經無可救藥？依舊在瀏覽瑣碎資訊、無聊就找事做、吃東西緩解空虛，於雜事中蹉跎了一天。

第四天

　　冥想五分鐘。今天沒有寫論文，照舊會為了一點充實感，而去完成一些家務。寫論文成了一想起來就令我倍感壓力、心情不好的沉重負擔。我刻意逃避它，用其他的事來分散和轉移注意力。長時間的拖延，甚至已經不再讓我感覺羞愧難當，焦慮不安。

　　導師偶爾問起我的進度，我含糊其詞，他也很忙便不再多問，只是一味寬容鼓勵我盡快完成。教研室的小組會議也是能請假就請假，我不想參加，不想聽別人都在完成什麼項目、發了什麼論文。自己沒有東西可以報告，想想就有壓力，要儘量避開。

　　晚上，我在家人面前大發脾氣。本來我堅持「情緒穩定」半年多了，心想三十歲應該成熟了、壞脾氣對下一代不好、研

究生該有研究生的樣子⋯⋯回家這幾個月一直都盡力保持情緒平和，可是，終究還是在臨行前爆發了。就像一個努力節食很久的人突然暴飲暴食，前功盡棄。

我很不解：為什麼父母不能多關心我？為什麼我只能選擇懂事和理解？為什麼他們不能奢侈一下幫我過一次生日？為什麼他們只想著下田幹活、東忙西忙，三十年了還這樣，連讀研究所都是我自己付學費的⋯⋯心裡滿是怨氣和不解，決定第二天就離家。我就是不想再去理解，再繼續委屈自己了。

第五天

冥想五分鐘。早上七點左右，我起床收拾行李，心裡還在賭氣，雖然真的不想走，但是話都已經說出口了。整理好東西，十點左右，我拉著行李箱，聽到媽媽在後面喊「飯煮好了」。我一言不發，頭也不回地往外走。一直沒有回頭，不知道父母當時的表情，其實多希望媽媽可以拉住我、抱抱我，讓我不要再假裝堅強了。

我強忍著淚水，一口氣走到一・五公里外的乘車地點。半路上，爸爸開著車來追我，要我上車，我沒有心軟，自顧自走著。爸爸看拗不過我，就開車走了。

後來我明白之所以那樣離開，是因為我心裡充滿了畏懼，害怕獨自回學校面對隨之而來的壓力，我不想離開這個熟悉而自在的環境。我知道自己不該如此狠心，傷了最愛我的爸媽。

第六天

冥想五分鐘。今天起得晚，早餐吃了點稀飯後就去辦公室了。我依舊沒有寫論文，習慣性地優先完成除了論文以外的所有事，寫了日記和這幾天的回饋，又是虛度的一天。

第七天

冥想五分鐘，八點多起床，荒廢了一個早上。午飯後，直到下午三點我才克服抗拒情緒，開始寫論文，認真寫到六點結束。總算有一點點進步了，稍感欣慰。

第八天

離家後第一次打電話給爸爸，我不想再賭氣了，把對自己的憤怒發洩在最愛我的人身上，真是不可原諒的罪過。我跟爸媽道歉，像往常一樣和他們報平安、分享校園生活、關心他們的健康⋯⋯

李松蔚老師，衷心感謝您的指導。也許我在執行環節沒有認真做好，也許沒有完全讀懂您的意思，我相信還需要一段時間才能效果顯現。

您的回答讓我正視內心的恐懼，意識到我有多懦弱愛逃避，現在也慢慢開始接受現實、接納自己──我只是一個來自偏鄉的孩子，讀書少，沒有遠大的理想抱負，缺乏毅力。我是一個普通到不能再普通的普通人。

倘若沒有能力去喜歡的城市工作生活，其實也沒關係，真

的不要緊，也許這就是我所能到達的最高點。無論如何，我苦苦支撐自己，達成當初心心念念的目標，也很慶幸能看到更高處的風景。雖然對過去那個勤奮上進的自己深感歉疚，但我真的累了，很累了。

儘管用盡全力，才走到一些人輕而易舉的起點，那也無妨。我不想再逼迫自己勇攀更高峰。未來要好好愛自己，接納自己，多給自己一點愛，認識自己的價值，承認自己的脆弱，明白自己的局限。好好生活！

🔵 複盤

這個干預的方向和其他案例正好相反──個案原本沒有將他的現狀解釋為「原生家庭」，卻被我硬生生「強加」上去。

我認為這是他在這個階段需要的敘事，因為他太責備自己了。他對自己不滿意，同時把全部責任（指責）攬在自個兒身上。這種過度的責任感讓人更絕望，因為找不到其他原因，「只能是我不夠好」。這時候就要讓他看到，「不是我的錯」，發生的一切都事出有因。

這是「原生家庭」敘事本來的用意，希望創造更多的安全、穩定、被接納。但要把握分寸，承認成長經驗的影響，不代表「什麼都不做」。接受不能改變的，恰恰是為了改變能改變的：過好我們今後的人生。

改變的工具箱

● 課題分離 ●

這是阿德勒心理學強調的原則，在處理家庭問題時尤其適用。簡單地說，就是要區分一個問題是誰的「課題」。誰的課題，誰負責解決。

區分的原則很簡單：這個問題讓誰感到困擾？誰困擾，就是誰的課題。

像是子女自行決定和什麼樣的人結婚，如果他們想清楚了，就不困擾，因為這是他們的選擇。可是父母不同意，擔心這個對象不可靠，那麼這件事就是父母的課題，只有他們為此感到困擾。按照課題分離原則，父母的課題請自行解決，換句話說，子女並沒有義務改變父母（當然更不用屈從）。

牢記這個原則，很多問題的處理就簡單多了，尤其是原生家庭的紛擾，很多都是子女成年之後，抱怨得不到父母的支持：他們不理解自己選擇的工作，不認同自己的伴侶，或者在生活觀念上跟自己不合，由此又引發了童年時期很多委屈……遇到

這些問題，做子女的必須知道，重點不是和父母較勁，你只要按自己的想法，把自己的生活過好就夠了。至於父母怎麼想，就不是你的課題了。

• 目的論 •

我在【03 難以擺脫的否定聲音】評論中寫道：假如有一件舉手之勞的事始終做不到，排除為某種缺陷或障礙，另一種解釋是，出於某種目的而特意「不去做」。這種敘事的思路，叫作「目的論」。

與目的論對應的稱「原因論」。也就是遇到問題，先從過去找原因：因為曾經的某段經歷，現在的我遇到了麻煩。我表現出很多自己也不情願的狀態。在這種情形下，我是一個「受害者」。過去發生的事情，彷彿是一座橫亙在面前的大山，除非付出超常的努力，否則無從翻越。顯然，這種敘事方式，與「原生家庭」有很多天然的契合之處。

而目的論提出了另外一種解釋。它認為一個人做一件事，並非受制於過去的因果，而是為了實現將來的某種目的。換句話說，它相信人永遠具有主觀的能動性。「如果你做不到，不是因為你不能，而是不想。」

這種敘事常常令人感到不舒服。雖然它在某種意義上能賦予人更多改變的希望——只要能透過更恰當的方式達到目的，人們就不會再依賴「病態」的策略。它讓那些陷入「受害者」

敘事中的人看到，每個人都可以是自己的「責任方」。但我們也必須承認，「受害者」的身分，提供了更多的保護和慰藉感，它們是不可或缺的療癒元素：「你沒有做錯什麼，你只是一個受害者。」如果在這一點上沒有足夠的安慰，目的論就顯得過於冷酷。

相比於「哪種敘事是正確的」，我更關心「哪種敘事對人有幫助」。從這個角度看，目的論的價值在於增強人的主體意識，擺脫莫須有的「障礙」，增加改變的契機。但採用這種敘事的同時，一定要拿捏好輕重，避免傷害性的暗示：「因為你可以按自己的意志去做每件事，所以現在的不幸都是自找的。」——這並非目的論的闡釋，如此觀點也無益於人。

• 積極賦義 •

運用目的論的角度去理解一個人至關重要的原則，是將他的行為目的看作合乎情理的、值得尊重的。由此建構起的敘事邏輯，才有助於接受干預的人感受到被理解、被支持，而不是受到指責，甚至是「誅心」。這在心理治療中，被稱為「積極賦義」（positive connotation），它常常被用在治療師一開始給出回應時。

例如，在【09 無法填補的缺憾】當中，我把個案發脾氣解釋為「用奇怪的方式思念父母」。這種建構帶給當事人新奇的體驗。一方面，說明他們找到一種新的角度接納自己，另一方

面，也在無形中承認自己的責任。合在一起，便傳達了以下的資訊：「你比你自己認為的更有智慧」；「你沒有錯，同時我們還可以找到不同的方式實現你的目的」。

在使用積極賦義時，要讓這些正面的意義建構被對方認同，首先干預者本人就要深信不疑。干預者必須做到表裡如一。假如自己不這樣想，僅僅是出於技術需要而「假裝積極」，那麼這種流於表面的積極並沒有用。

• 觀察任務 •

這是系統式心理治療的干預技術。請當事人在未來的一段時間內，什麼都不改變，照常生活，同時觀察和記錄問題是怎麼發生的。

這個任務有一點「陷阱」，它的悖論之處在於：「什麼都不改變」是做不到的。事實上，在布置這個任務的同時，已經注定當事人不可能一模一樣地重複過去的「問題」。哪怕一切照舊，只要當事人有意識地啟動觀察，事情的性質就會有一些變化。

首先，問題不再是「不知不覺」發生的，當事人必須保持內省；其次，問題的意義變了，它不再是當事人的某種災難、錯誤，或是難以擺脫的厄運，反而變成他需要去刻意營造的成果；最後，在問題發生之前，當事人會帶著更多的好奇心去「期待」，而非只是事後懊惱和自責，不同的心態，也會讓問題的

走向發生改變……

因此，常常有人在觀察問題的過程中，發現問題的「體驗」不一樣了：變得更平淡、溫和，不再像之前那樣激烈或突兀。就像【07 在親人面前最容易暴走】裡的個案回饋那樣，她和家人的爭吵可以很快停下來，不再朝更嚴重的方向發展。有些當事人獲得了對問題的掌控感，他們說，如果不是為了觀察，他們甚至可以不讓問題發生。

但觀察任務並非對所有問題都適用。也有人發現它帶來的變化不明顯，問題還是和之前一樣。使用這項技術時，不宜抱有過高的期待。

• 儀式的力量 •

小孩子在達成一些重要約定時，不只會在口頭上保證，還要跟你打勾勾，伸出手指頭「蓋章」。這會讓他們相信，整件事情是神聖的、有意義的。

這是儀式的力量。它在生活中是一套約定俗成的、流程化的宣言和動作，比單純的語言更具有感染力。它常常被用作某種轉變的契機。例如，辦一場莊重的成人禮，會比嘮叨的說教，更有助於年輕人減少孩子氣的行為。如果想表達對一個人的感激，做一面錦旗也會比口頭的感謝更展現心意。心理諮商中常常利用這些生活中的儀式，那些想對來訪者傳達的重要資訊——不只是讓他們「聽到」，還要產生記憶和影響，使用儀

式會事半功倍。

在【05 不敢反抗的困擾】【10 無法改變的身分】【02 為了告別的停留】這三篇裡，我都請當事人在特定時間，對著照片說話或冥想，這都是儀式的應用。

工作是人生的一大部分。不只是為養家餬口，也不可避免地牽涉到「我是誰」以及「我希望過怎樣的生活」。要想清楚這些問題並不容易。青少年時期缺失的自我認知這一課，往往要在工作中重修。職場的價值之一，就在於其現實性，它不太給幻想提供庇護的空間。身在職場，不可避免會得到現實的甚至是冷酷的回饋。你的回報，取決於提供了多少被人認可的價值，自我感動沒有太大意義。另一方面，職場又是自主的，在規則邊界內，每個人都可以有適合自己的運作方式，不同的天賦、特性、價值偏好都可能被鼓勵。年輕人在這裡磨練，逐漸明白：我無法成為別人，幸好也不必成為別人。

這裡有生活的百態：有人抗拒改變，也有人渴望不一樣；有人被看見，也有人恐懼被人看見；有人想歇歇腳，也有人擔心走得太慢……無論怎樣的理想，都要在現實的打磨中，一點一點確認它的形狀。現實是腳下的路，但這條路通向的遠方，一定會是理想中的那個遠方嗎？

"

不確定，
但只能往前走。

CHAPTER 03

工作與理想
可以兼顧嗎？

01

跨不出第一步

 問

　　李老師，您好！我持續五、六年的憂鬱焦慮症好了，生活變得比較健康，腦子裡自責的聲音偶爾還會有，但也知道如何調整了。之前因為生病離開職場一、兩年，現在病雖然已無大礙，卻非常恐懼回到職場。

　　我認為憂鬱和焦慮，與我之前的工作也有點關係。我是個內向的人，卻從事銷售業務，時常覺得兩者格格不入，我不喜歡這份工作，每天行屍走肉般，後來認為工作沒什麼意義，就辭職休養至今。

　　現在心裡想趕緊找工作，卻遲遲未行動，總會找其他各種事情來拖延。比如：本打算看完這本書就去寫簡歷，等書看完又決定再看一部電影，電影結束又想追一部電視劇……

　　我知道自己在逃避，因為一想起之前的高壓工作環境就害

怕，也擔心回到那個環境後舊病復發，但是轉行也不知道該做什麼。感覺自己的人生被卡在這個窘境中。如果家庭經濟許可，我可能就無所謂了，大不了啃老，但我家境並不優渥，看著父母一天天老去，自己三十卻不立……

　　或許我可以透過認知行為療法，讓自己不那麼焦慮憂鬱。但是如果我只解決情緒問題，而放任生活中的實際難處，會不會到了某個臨界點又復發呢？

　　你好，首先恭喜你恢復健康！雖然病好了，但在進入工作之前，你還需要增加一些自我效能。當你真的開始為找工作行動時，效能感就會增加。只是有個麻煩，做這些事的同時，你又會被「回到職場」的前景嚇倒。那個恐懼會打消你做事的動力。

　　結果，這第一步就遲遲跨不出去。

　　怎麼樣才能跨出第一步呢？辦法很簡單，只要同時滿足兩個條件：你要一邊透過行動帶來效能感，一邊不讓自己真的「找到工作」。

　　具體來說，就是這周我給你的任務：

　　請你每天花一點時間寫簡歷（這會增加效能感），半小時左右就可以，不要超過一小時。無論寫成什麼樣子，完成後立刻把它刪掉（這樣就無法找到工作）。每天重複一遍這個任務。

七天後，麻煩回饋這個過程中的體驗。

 ## 回饋

李老師好！剛看到您回覆的建議時，內心十分詫異，寫完簡歷再刪掉，這是什麼鬼？

又仔細看了一遍，反正您說「不讓自己找到工作」，只是寫個簡歷好像也不太難吧。我還設定了鬧鐘，就寫半個小時簡歷，一分鐘也不想多，計時開始……

簡歷中最難寫的是過往工作經歷，讓我一個頭兩個大，不知道該怎麼寫，但又想起您說「無論寫成什麼樣子，完成後立刻把它刪掉」，反正不會留下來，隨便敷衍一下就行了。

鬧鐘響起，我做了一份不太像樣的簡歷，到了要刪除的時候就開始糾結了，真的要刪嗎？想想過去幾個月我想寫但都沒動手，現在好不容易做了半份，雖然不完整，但也是我的心血啊！後來我想起電腦不是有資源回收筒嗎？大不了之後再找回來，嘿嘿嘿……

接下來的幾天，我的回收筒裡，總共有五份殘缺不全的簡歷。這幾天的經驗所得，我整理成以下幾點：

1. 寫簡歷的時間越來越長。第一天真的是鬧鐘響了我就不寫了，但後面幾天我會寫完一個段落再結束。

2. 雖然每天都是從一張白紙開始，但腦子裡其實還大概記得昨天寫過的內容，所以整體來說，寫簡歷的進度是在往前邁進的，最後一份簡歷已經寫得差不多了。

3. 我的工作經歷實在乏善可陳，但還是得硬著頭皮找出一點「豐功偉業」寫上去。梳理工作經歷的這個過程，也讓我重新檢視自己過去也有些做得還不錯的地方，雖然沒有別人那麼優秀，但再小的成就也是成就吧。

明天打算把五份簡歷從回收筒裡撿回來，湊一湊再修改一下，應該可以做出一份完整的簡歷了（撒花）。但我知道這才是第一步，我還是會恐懼，也擔心工作經歷不夠好，煩惱有了年紀未婚未育會被拒之門外，更怕因病而工作空窗兩年，面試時不知該如何解釋？或許我可以繼續用李老師的方法？例如寄出簡歷，但不接面試電話，寫完自我介紹再刪掉，面試完如果收到 offer 也拒絕掉（也得先有 offer 才行啊，抓頭）……哈哈，這是什麼邪門歪道，也不知道接下來會怎麼樣，祝我好運吧！

複盤

談到對工作的恐懼，很多人都把「克服恐懼」當成目標，我認為不必如此。恐懼只是一種情緒，而工作表現更重要是取

決於行為。一個人帶著恐懼這種情緒，照樣可以採取行動。歸根究柢，做了什麼才是重點。

這個干預最有趣的地方在於，做事甚至不必產生「實際」的結果，行動本身就會開啟「向上螺旋」。最初的行動一旦被觸發，身體自然會越來越有力量，做的事也越來越多。就像是在滾雪球，從最初的一小點開始，一圈圈越滾越大。關鍵在於啟動。

很多人不想做事，就會找藉口說：「如果只能做一點點，有什麼用？」現在看到了，做完再刪掉也沒關係。

恐懼的人，先從「做點沒用的事」開始行動吧！

02

一周只想工作一天

問

　　李老師好。我是名研一的學生。從今年寒假開始，我變得非常懈怠。具體表現為對眼前問題的恐懼和逃避，不去嘗試解決問題，無法相信自己擁有解決這些問題的能力。我好像太久沒有從頭到尾做完一件事了，覺得自己做什麼都會搞砸，久而久之，便什麼都不敢去做，也懶得做了。

　　老師交給我的科研任務，在我看來就像一座大山，重重地壓在我肩上。我逃避思考，不去行動，寧願每天去忙各種家務、運動、做一切和學習無關的事，也不願意打開電腦看論文。

　　然而每周都要在小組會議上，報告這一周的工作心得，因此我陷入了無限循環的焦慮之中。每周五會議結束之後，我都如釋重負，又開始看劇玩手機追綜藝。而到了周一，繼續為下一次的會議焦慮，但我不會做出任何行動。

焦慮促使我不停地滑手機，其實我並不是愛玩手機，只是一放下它，那種無窮無盡的恐懼感便會襲來。直到周四，我會硬著頭皮做一些相關的工作。周五早上早起，臨時抱佛腳，企圖拿一天的工作量混過當天小組會議。待會議結束後，又進入新一輪的循環。

這種狀態並不是最近一年才出現的，只是這半年因為疫情無法回學校，少了那種學習氛圍，我的惰性變得更加明顯。

我似乎缺少一種驅動力，從小學到高中，一直都是為了考一所好大學去拚命讀書。到了大學，只是為了修完學分。到了研究所，就有些不知所措了，整個人就像洩了氣的皮球，不知道該為什麼而努力。我知道我想找個好工作，有一份不錯的收入，給我爸媽更好的生活。但這些並不足以驅使我開始行動，我想尋求更加確實有效的動力。

答

你必須接受這一點：在這個階段，只能拿出七分之一的時間和精力，也就是一周只有一天做科研。

無論你有多麼不想接受，這都是現實。

這沒什麼。世界上很多研究生都不能全心全意地做科研。有的在半工半讀，有的在實習，有的在忙別的事，還有人說不定是健康因素。

你要接受自己本質上屬於這類人，也許就沒那麼焦慮了。然後請你做兩件事：第一，把這七分之一的時間充分利用，效率最大化（這一點，我猜你已經在做了）；第二，剩下的六天盡情做其他事。如果想玩手機就玩。但你說你不愛玩手機，只是為了應對焦慮才這麼做。那麼在你不焦慮的時候，更想做什麼呢？讓我們拭目以待。

總之，試著度過這樣一周：一開始就認定只能拿出七分之一的時間做科研，剩下六天完全屬於你。請在一周之後回饋給我，過得怎麼樣。

回饋

老師好，這一周我嘗試對自己說，前六天是完全屬於我的，我想做什麼就做什麼。

我發現焦慮的時間變少了，絕大多數時間我很開心。我開始學圍棋，早晨背背單字，看了我很久之前就想看的電影，寫寫影評，讀了我一直想讀的書，中午安心睡個午覺，睡醒後運動一下。其實還是會玩手機，只是不再像從前那樣，焦慮地打開搜尋引擎一遍又一遍地刷新，點進去又退出，現在只看我感興趣的。

也開始把自己最近的一些筆記整理了一下，慢慢地想看論文了就隨意瀏覽，也不逼自己一定要看到什麼程度。這幾天多

多少少做了一點點科研相關的事情。但是很遺憾，周四那一天我並沒有讓效率最大化。

現在最大的改變，就是焦慮感少了很多，覺得工作上的事情也沒那麼討厭，儘量不去把科研看成一件痛苦的任務，因為和一個東西對抗，需要耗費的精力，遠遠大於處理它本身。也不是很想滑手機了。放下它後，不會再有被繁雜的資訊裹挾的感覺。我好像又可以慢慢掌控自己了。

改變很微弱，但我有感覺，我想讓它變得更顯著。勇敢一點，再往前邁一步，一小步就好。

03

越失敗，越努力，
越恐懼

　　我想請教，怎麼克服自己的習得性無助（編注：learned helplessness，當我們多次嘗試努力解決問題，卻不停失敗或遇到挫折，便形成一種「無論如何我都無法控制和改變現況」的感覺，進而不再去嘗試改變）？

　　我讀的是理工科，有一定的難度。在大學時沒有認真學習，常常打瞌睡，所以被當得一塌糊塗，考前一晚複習，根本什麼都看不懂。這讓我很有挫敗感，對自己的專業和能力都不再有自信。

　　考研究所的時候，每天的讀書時間都在摸魚和恐懼中度過。不敢認真看書，總是覺得自己學不會，稍微遇到難一點的東西，就無比恐慌，根本不能冷靜地學習。到後來，我甚至連圖書館都不敢去，每天躺在宿舍裡滑手機，因為太害怕了。

我認為自己克服不了恐懼，但是之所以會這麼糾結，是因為我覺得從客觀角度來說，除去各種恐懼因素，是能學會的。我也想繼續深造，再次考研提升自己，但是這些專業書籍，看著看著就讓我頭皮發麻。希望能得到您的幫助，找到克服困難、消除恐懼的辦法。

答

　　你好，我想你一定是個很聰明的人。普通人會承認自己的天花板，面對有難度的專業，根本懶得想那麼多，直接躺平認命：「太難了，我還是選擇輕鬆一點的人生吧。」但你遇到困難，仍然有信心：只要克服恐懼，我就能搞定它。

　　但是怎麼說呢？你對自己能力的信心，也帶來了一點麻煩。這個麻煩就是，你不想讓自己安於普通人的人生。所以研究所考試失利後，你把「安於另一種人生」等同於「失敗」，必須讓自己過得不好，才有動力繼續證明自己。但你現在越是過得不好，它就越是讓你恐懼，破壞了你的努力。

　　所以，這裡就有一個悖論：如果你想盡全力證明自己一次，就必須先安於當下的生活。

　　我給你的建議就是：請先以「不讀研究所」為前提，把當下的生活過好。這是一盤大棋，為了更好的考試心態。你可以每天暗自讀書，但不要再寄託於「改變人生」那麼大的壓力。

這只是用來自我證明的遊戲，輕裝上陣就好。等到有一天，你滿意自己的生活了，不覺得非上研究所不可，你的心態才算是準備好。那時候，才最有可能一戰功成。

請你在未來一周計畫一下，接下來該怎麼做，才能做到「不上研究所也活得很好」。可以參考身邊那些沒念過研究所的人，他們活得好的地方你都可以有樣學樣。你只要心裡知道，你跟他們不同就好了。

請用一周時間做計畫，再給我回饋。

 ## 回饋

抱歉，這是一份遲到的回饋。

在觀察周遭的同學朋友之後，我發現如果不考研究所，就只能去找工作了。我之前確實也投了很多簡歷，但是最後的面試都沒去，總是在想不去也無所謂，反正我的目標是考研究所。

就這樣逃避自己的生活。過多的思考和猶豫，讓我沒有勇氣做出哪怕是一件很小的事，例如去參加面試，就是我一直沒能跨出的一步。

在看到李老師的建議後，我又上網搜尋了自己想做的工作，然後投出一份簡歷。在此之後，我成功發送了一份自我介紹的影片。這看起來像是非常簡單的事情，但對我來說很不容易。

勇敢送出有關自己的影片，我開心得在屋子裡手舞足蹈，像個大孩子一樣。

做完之後，感覺似乎也沒有什麼。恐懼在敲門，勇氣打開門，門外什麼都沒有。雖然最後沒有被該公司錄取，但還是讓我有了一點點的成就感。

今天和一個已經工作的朋友聊天，了解了一些狀況。她描述自己租房子、開始工作之後的生活，讓尚未走出學校的我感到新奇和羨慕。雖然有對打工的抱怨，但這也是另一種活法。

非常感謝李老師提供這個方法，因為看到朋友們具體工作的狀態，所以我曾經虛無縹緲的對考研究所失敗的恐懼，變得具象了起來。這讓我發現，如果我沒考上，等著我的還有另外一條路。

雖然我仍舊不知道接著要考研究所還是工作，但是我清楚明白，若是鎩羽而歸了，還是可以接受其他方向。

複盤

「恐懼在敲門，勇氣打開門，門外什麼都沒有。」這句話讓我印象深刻。

我很喜歡這位個案的嘗試。現在有一種流行的信念說，成功需要「背水一戰」。認為人只有在無路可退的時候，才會爆發潛能，甚至於「思考退路」本身，都會被當成一種懦弱。我

認為這個觀念需要辯證，有一些絕境會激發人的勇氣，另一些則讓人陷入恐慌，反而無法集中在自己想做的事情上。在這種情況下，思考退路是一種更積極和勇敢的策略。

多條路不一定是逃避，認定「只有一條路」，也有可能是一種逃避。

04

不想加班的我
該辭職嗎？

我最近有個很大的困擾，就是「什麼時候辭職」。

現在的工作是我自己挑的，也是畢業後的第一份差事。因為覺得工作內容輕鬆又有趣，所以選擇忽略一些缺點（薪水低、強迫加班、升遷空間小）。但是當對工作的新鮮感過去後，缺點（尤其是加班）就突顯出來了。我其實就只是想過自己的小日子，能餬口就行了，想多照顧家裡一些，不願讓工作影響到日常生活品質。

但公司文化偏偏是鼓勵加班的，在強迫加班的時間過後，同事們的屁股還黏在椅子上不肯走，讓我一度懷疑他們是不是得了「不記得下班時間症候群」。我一開始都是準點走的，後來被上級暗示幾次後，雖然憋著一肚子氣，但也做出了一點妥協（下班後玩十分鐘手機再走）。

我覺得我肯定不會在這家公司待很久，但該什麼時候辭職呢？老闆又在開會宣導加班時，我就恨不得把辭職信摔他臉上。但一切順利時，又想這份工作除了加班外，也沒什麼不能忍受的缺點，要是跳槽說不定比這個還差，不如再做兩天。而且我超級討厭面試。

雖然家人都支持我換工作，但我從來沒有打開人力銀行網站，去搜尋工作相關資訊，向來都是哭哭啼啼說自己要辭職，第二天又罵罵咧咧地去上班。有時候還很想家裡蹲，又覺得沒有工作的約束，我肯定會把生活過得很頹廢，但又真的很想當鹹魚。世界之大，就沒有一條鹹魚能開心玩耍的地方嗎？

我有一個建議，或許能幫你理清決策的思緒。但是要辛苦一下你的家人，請他們配合。

給你和每個家人都發一張紙，列有如下問題，請他們簡單回答。

1. 你希望××（你的名字）以後回家更早一點還是更晚一點？
2. 如果××以後每天準時下班，你最希望她幾點到家？是否願意她一整天都在家裡？

3. 你最希望××工作以外的時間用來做什麼？

4. 如果××以後每天都在公司加班，你能接受她最晚加班到幾點？還是多晚都能接受？

5. 為了支持××加班，你最多願意付出什麼？

答案不用太長，但要儘量具體，也就是自己寫出明確的期望。哪怕是「不支持」、「什麼都不想做」也好。但不能沒有態度，像是「我都聽她的」、「她想做什麼就做什麼，我都行」。必須要看到那個人（家人）的需求。

請在一周內蒐集所有家人的回答（包括你自己的）。看完回答，再思考有沒有新的想法。請回饋給我，這些想法如何推動你的決定？

◆ 回饋

寫下這個不大不小的煩惱之後，雖然沒有什麼回音，且內心對於回音也不抱任何期待，但是我的工作狀態居然變好了——我衡量工作狀態的標準，是看早上幾點到公司：如果壓線趕到，那多半和最近的工作有所牴觸；到得早，說明對工作的好奇心、期待和熱情還沒耗盡。

這個狀態一直持續到昨天，早上老闆找我單獨談話，耗了一上午，主題是要為公司多付出，要常向其他部門加班的同事

學習，諸如此類。雖然我臉上不得不保持微笑，但感覺「工作不能影響正常生活」的底線被踩到，整個人都炸鍋。與家人共同討論後，決定了接下來半年的計畫，包括什麼時候辭職、辭職之後做什麼、什麼時候找工作。

雖然決定離開，但內心仍然動盪傷感，感覺亂糟糟的，畢竟這是我的第一份工作，也是我第一次提出辭呈。結果第二天早上就收到李老師的回覆，彷彿拿到一個錦囊，有了些許頭緒，做起來也很簡單，唰唰唰就寫完了，又督促家人按要求好好回答（哈哈哈，就是這麼霸道）。

答題很簡單，從大家的答案中，看到他們各自想要什麼也很容易，但弄明白這些看似不難的問題後，我卻有些糊塗了，本想好好沉澱兩天再給回饋，但覺得現在的糊塗或許也是一種回饋。

先說大家的回答，我的爸爸、媽媽、男友以及我自己，都希望我的工作朝九晚五，晚上早點回家，工作之餘做自己感興趣的事。除此之外，媽媽希望我有時間多陪陪她，爸爸希望我有時間有能力了和他一起打拚事業，男友希望他回到家能吃到我做的熱騰騰晚飯。

問題很清楚，答案也一目了然，但是反而好像突顯出某些模糊的東西。我現在還不知道那些東西是什麼，對那些東西的思考是否能得出結果，這結果又會將我引向何方。

再回頭看看家人的回答，大家的需求都很明確，無論是陪伴、共事還是做飯。唯獨我自己，寫了一堆最近因為「沒空」

稍稍耽擱的事以外，似乎也沒什麼別的。而那些耽擱的事，即使有加班，最終我也會慢慢消化掉，只不過質和量上差一點罷了。

那個畢業前逼得我喘不過氣的問題，現在似乎以一個更溫和的姿態，站在我面前：你想成為一個什麼樣的人？你的人生想要做什麼？你能成為什麼樣的人？這都是很大很虛妄的問題，所以無論是當時還是現在，我都選擇走一步算一步。

近幾年，我似乎都在努力當一條鹹魚。我真的不確定，我是放棄夢想變成鹹魚，還是本來就是鹹魚，只是偽裝成了貓，現在正在回歸本質。我似乎還有一些熱情和力量，當鹹魚也許是避免它們受挫的藉口，也有可能是我更願意把這些熱情和力量，用到事業以外的地方。

家人的回答都是不希望我加班。但我知道自己的極限，或者說底線在哪裡：可以不定期加班，但每天不超過兩小時。為此，我願意幫自己準備一點小零食和早餐，做好個人內務，早點休息，好好照顧自己。

這是我今天的一點點想法，有些囉嗦，權當是回饋了。

複盤

在我的公眾號後台，不只一位讀者評論我這個問答系列說：「（個案）光是把問題寫下來、理清楚，就好了一大半。」

一語中的！哪有誰真的能替人解決問題，都是個案自己解決的。

　　關於「要不要辭職／轉行／換工作」這樣的提問，我收到過很多。這些問題我當然沒有答案。就像這位個案的困惑，最終也只能靠自己回答，我要做的是推一把，推動她思考，和家人商量，或者索性試一試。

　　雖然每個人的答案都可能不同，也有些共性的原則想說明白：最重要的，就是不要重複已經做過的思考。總在相同的思路中繞圈子，人就無法獲得新鮮的想法，問題就仍然得不到答案。想辦法帶入一點新的資訊，也就是說，要做一些之前從來沒做過的事。在這裡，聽聽家人的想法就是一個嘗試。當然了，像個案一樣直接辭職，是一次更大膽的實驗。

　　我說「實驗」，意即這不是一輩子的決定。很多人拿不定主意，是太想要一個「最終」的答案。但哪裡能找到這樣的答案呢？可能今年這樣想，明年的想法又不一樣。每一次都只是階段性的嘗試。先試，才會知道結果，時間自然會把答案告訴我們。放輕鬆，不對就改嘛。

　　所以嘗試的另一個前提是安全。多準備一些試錯的成本。最後，不妨問問家人的意見。有人說，做什麼工作是個人的事，為什麼要聽別人的？很簡單，因為我們也只是聽聽而已，不代表必須遵從他們的意志。但不能否認，我們舒適的人生，多少也有其他人的參與。

兩年後的第二份回饋

聽說這個系列要出書了，我想補充一下我目前狀況。原本的干預和回饋是在二〇一九年，不知不覺，時間竟然已經過了那麼久。

現在回去看當時的文字，感覺兩年前的那個小姑娘，真是純真又熱情，對於自己目前的生活、未來的人生，有很多思考和期待。表面上做出一副鹹魚樣，其實認真到不行。

辭職之後，我在家蹲了幾個月，過得相當頹廢。後來我爸看不下去，把我叫回老家，以「幫忙爸爸」的名義安排了一份工作。因為只是幫忙，所以我毫無負擔地就開始做了。

一段時間後老爸提出更高的要求，我一想說得也有道理，誰會和錢過不去呢？為了未來賺更多的錢，我在這份工作上投入更多，然後老爸又給了我一些「好心的指導」……就這樣幾個循環之後，我發現我已經上了賊船，不想下來了。

這份工作好像真的很符合當時調查問卷的結果。在離家非常近的地方（有時候甚至能在家辦公），能多陪陪老媽，也在某種程度上和老爸一起共事，工作量沒有之前那麼大。工作時間早上八點到下午五點，相當規律。下班鐘響，辦公室裡的同事嗖的一下就不見了，跑得比我還快，簡直不可思議。

下班之後，我有充足的時間和家人相處，可以自願加班學習，做工作上的提升。甚至還培養出一個嗜好，畫畫。神奇的變化發生了，而原因僅僅是換了個環境，不得不感嘆人的可塑

性。

　　所以，我現在漸漸原諒了之前持續許多年，那個鹹魚又迷茫的自己，因為我覺得，這不僅僅是自己的意志力問題。所處的環境如何、社會支援系統如何、當時的心智和閱歷，都是很重要的變數。有時候無心工作，並不是我做錯了什麼，也許只是那天的天氣太悶了。

　　新工作當然也不是處處都好，比如工作內容是我之前幾乎沒有接觸過，也不感興趣的。剛開始上班時，內心的阻力其實非常大。另外，以我目前所做的事情來說，並不是無人可替代的，還需要在不斷的學習中，培養自己的核心競爭力。

　　另外，我可憐的老公（兩年過去，他已從男友升級為人夫），並沒有實現回家吃上熱騰騰飯菜的夢想。現在是我每天拿著筷子、流著口水等他煮飯給我吃（他真是太慘了）。

　　總之，這麼上上下下折騰完，我更加了解自己了。兩年前我的處境和初中時碰到的情況很類似，全新的城市、全新的人際環境、全新的領域、獨立生活。當時我強迫自己適應環境，從裡到外（精神上的）硬把自己改造了一遍，讓我獲得世俗意義上的成功，考上了好大學，但內心一直覺得怪怪的。我並不想成為一個工作狂，希望工作之餘有自己的生活，我相信努力工作和享受生活，並不是非此即彼的，現在以及將來我都會努力保持平衡。

　　不多說，畢竟還在上班，摸魚一下下就好。

05

在意權威人士
的評價

 問

松蔚老師，您好！

我一直以來的困擾是，非常在意權威人士對我的評價，並且把這個評價，與自己的價值感畫上等號。例如我很在意公司裡主管的看法。

這對我有幾個方面的影響：

1. 我積極認真把事情做好，希望得到好的評價，總是力求完美，無法敷衍，也不能容忍自己做出不像樣的成果。如果工作上有瑕疵，心裡也會很難過。

2. 我會回避與主管的溝通和交流。我害怕從對方那裡獲得任何不好的回饋，因此會保持距離，儘量不接觸。有時他已經努力表現出善意和親近了，我仍然會因為恐懼而拒人於千里之外。

3. 過度敏感。對方的任何舉動行為，都容易被我解讀為看

重或輕視的證明。如果主管對我同事更好一點，或者長輩對我表姊更關心一些，我都會陷入自責並覺得被拋棄：「你就是這麼糟糕，不會有人真心對你好。他們平日只是出於客氣／好心／你好用，所以對你還不錯，現在你終於知道，誰才是他們重視／喜歡的人了吧！」然後陷入一種被拋棄的感覺，非常絕望。

當然，有時候對方表達出關心、重視的時候，我也相信自己是被關心、被重視的，當下會感覺到滿足，什麼困難也不怕，身處黑夜裡也會開心滿天是星星。

我覺得這個機制，已經影響到我的生活與心情了，理智上我知道主管的重視是真的，也了解主管重視我的程度，隨時會發生變化。但是我好像只能接受前者，對後者充滿恐慌、害怕，並進而否定前者。

我希望自己不要那麼依賴別人的評價過活。

你好。我絞盡腦汁想安慰你，但你說的情形確實有滿大的機率存在：你在他們眼中可能很糟糕，他們只是出於客氣／好心／你好用，表面上對你還不錯。

這麼不受主管青睞，你的工作的確會很辛苦。

我想，更值得考慮的問題，不是擺脫評價的依賴，而是作為一個這樣的人，你要如何活下來？活在這個權威當道的世界，

讓他們看不慣你的同時也離不開你。譬如努力工作，知趣靠邊站，不出錯，和他們保持井水不犯河水的距離⋯⋯

請你在未來七天，從最有可能討厭你的高層開始，每天針對一個，寫一套在他身邊保持安全的應對策略。也就是，作為被他討厭的人，你要如何謹言慎行地活下去？

你這麼擔心，一定有很多話可寫。先寫七天試試看。

 回饋

松蔚老師，謝謝您的回覆。這個建議很有趣，開啟了我新的思考邏輯。評論提供的角度和想法也很有意思。我的第一反應當然是堅決執行啦。

第一、第二天還好，勉強寫了一點，大概就是表達自己會更周到、更溫順、更用心讓人信賴之類。

第三天我就不想寫了，因為我根本就做不到，也不想變成這樣的人。主要是「讓別人離不開我」這個條件想著想著，就變成完全要把對方的感受、要求，放在首位去實現。這讓我壓力很大，非常抗拒，且遇到了「做自己」和「滿足別人期待」的衝突。這個衝突已經發生很多次，我最後都是選擇做自己，然後陷入不能滿足別人的遺憾和自責中。

「那你到底想怎樣？你是希望大家都真心喜歡你，工作上資源都朝你傾斜，而你什麼都不願意付出，不為別人考慮，還

要得理所當然？你是覺得世界在繞著你轉嗎？」某次聊天時，朋友這樣吐槽我。

但我就是做不到啊，於是我就沒有寫了。

但這個思路在我的腦中自動運轉。事實上「感覺自己被討厭、不會被好好對待」，更像是童年成長經驗帶來的刻板印象。比如說我老是懷疑別人對我好是「居心叵測」，而當別人對我的「好」不夠穩定的時候，就會引起我恐慌，我把它作為判斷自我價值的標準，自己很糟糕。

松蔚老師說，要思考如何讓人家看不慣我又離不開我，因為我想到的都是我不願意去做的，所以我換個方式去思考：我過去做了什麼，才得到那些好的資源？除了個人的表現外，還有職場人員變動、工作環境變化等原因。這其中，個人的表現是自己可以控制的，其他的卻無法捉摸。也就是說，我現在得到的，有一部分就是運氣的因素。

這樣的理解，讓我一定程度上舒緩了「我得到的＝我的自我價值」這個判斷的焦慮。焦慮有所緩解，對別人的評價敏感度便會下降，這也算一個小進步。

本來我打算就這樣交作業的。但周末閱讀時，正好讀到我欣賞的一個人對待關係的態度：「你和同事、朋友之間要與人為善，且沒有惡意。無論做什麼事，都要採取雙贏的方式。」突然在這裡得到了靈感。之前松蔚老師也強調關係中要對別人有用，對方其實不太關注你是怎樣的人，而是在意你對他有用的部分。

我終於想明白關係中重要的是雙贏。我之前總是兢兢業業

地做好工作，生怕有不好的評價。這個心態完全可以轉化為，我希望在工作上可以對主管有所助益，因為我也需要他的支援。

懷抱這個想法，如果工作中得到不好的評價，我也能接受並且去改善，因為我的目的是希望創造價值。如果工作做得不好，並不代表我是一個糟糕的人。其他關係也可以依此類推。我發現，在關係中我願意不把目光投注在自己身上，而是有餘力可以去關心對方了。

● 複盤

一個黑色想像的實驗。

所謂的「在意別人看法」，並不是真的在應對不討人喜歡這件事，而是陷入對「萬一」的糾結。這個時候，從道理上否認是沒有用的：「人家說不定不討厭你。」「可是萬一呢？」不如乾脆直接面對最壞的可能──你害怕的事就是真的，別人就是討厭你，然後呢？乍看之下，這種想法更讓人絕望。但就像是觸底反彈，一個人直球對決這種絕望之後，反倒有能力處理了。

在這次實驗裡，個案逃避了很多年的問題，只要一周就可以應對。

比起問題本身，更可怕的往往是「逃避」。

06

從事與想法衝突的工作

問

　　李老師您好，最近一直有一個困惑，也許很多想做銷售的人都有。您大概應該知道我要問什麼了吧，就是打電話給陌生客戶。

　　也不是一直都這樣跨不出去，以前沒有正式了解銷售這個職位的時候，我還可以打電話，就是有事說事，直奔主題，被拒絕也沒什麼關係。但是後來才知道，直奔主題的做法，可能不太適合我們這個行業，得跟客戶慢慢建立持續長久的聯絡──這個我是同意的，但這也導致我後來不知道該如何開展業務。好像和「事實是帶有極強的目的性，但表面又裝作要和客戶交朋友」這樣的原則不同。

　　但那樣做讓我感覺自己很虛偽，我不喜歡這樣的自己。

　　還有一點是，我確實不太喜歡和人閒扯淡。我喜歡結交能

在思想層面溝通的朋友，所以這更造成我很難繼續打電話給陌生客戶。

有時覺得自己想太多，有時又覺得打個電話有什麼大不了，還是無知無畏比較好一點，但現在已經做不到無知了啊……

我理解這個問題的本質是，你不適應銷售行業的常規業務方式，同時又留在了這個行業。

我猜身邊也有人問過你：「既然有衝突，為什麼不離開呢？」我不知道你是怎麼回答的，但我想，留在一個你懷有強烈衝突心情的行業裡，這個選擇一定也是具有某種好處的。

我能想到的一個理由是：「我不用主流的方式，我有自己的一套，但我的業績還不錯，保持衝突心情有助於我和別人不一樣。」

另外一個理由也許是「錢賺很多」。

還可能會有哪些理由呢？請你在接下來的七天內，列出十條好處，複盤一下你留在這個與自己「牴觸」的行業裡得到什麼。列完之後告訴我，這讓你開展業務更順利了一些，還是更難了一些？

❀ 回饋

能收到您的回覆太驚喜了，感恩！

留在這個公司，其實是因為我的一個孩子是特殊兒童，另一個還太小，老闆是我的鄰居，很體諒我，給我一定的自由，讓我可以照顧好家庭，也有自己的時間工作賺點錢。所以一直留在這裡，是我無奈的（也是最好的、唯一的）選擇。想好好工作感謝老闆，也算相互成就吧。

在看到您的回覆之前，我有一段時間情緒很低落。和老闆溝通說我既然做不好就別做了，但他說不會給我壓力，也不希望我走。

也不可能跟老闆來硬的，畢竟工作之外，他對我也有恩，所以繼續待著。我對老闆說：「一切聽你的，你叫我做什麼我就做什麼，叫我怎麼做我就怎麼做。」把這個「權」交出去以後，真的感覺輕鬆了很多，不用一想到薪資少就自我懷疑、自我貶低。我請老闆提供銷售相關書籍和資料讓我多多學習，他欣然同意。

看到您的回覆後，十條好處我也列出來了，一列完，再次感覺輕鬆不少。確定了我必須、一定得留在這裡努力工作，沒有更好的選擇。其實也只有這個可以選擇，那我就認命了。

認命後不僅工作感覺輕鬆，連生活也是。坦然接受沒有選擇的選擇，完全不後悔，也沒有什麼壓力。這讓我發現，我十分討厭「壓力」這兩個字，反而喜歡「動力」這個詞。比如我

喜歡「銷售做得好，錢會賺飽飽」，討厭「如果做不好，錢會往外跑」。所以，我不去想未來能不能做得好，也不去想未來能不能出差服務客戶（雖然無法出差是客觀原因）。

我只想當下能多做點什麼（如網聊、朋友圈發廣告），這樣就可以馬上動起來，動起來之後感覺更充實。既然我喜歡動力，那就用正面的詞彙調動自己的積極性和好心態。

打電話就打電話，跟其他的沒有什麼關係，不用想客戶會有什麼反應，放鬆隨意，兵來將擋水來土掩。動力、放鬆，真是好詞！

感謝李老師，有變化和感想我再回饋給您。

07

這個年紀該有的樣子

我今年二十六歲，常常會困擾自己到底有多少價值。

會思考這個問題，大概是因為心裡有一個更好的「我」吧。那個「我」是工作出色、家庭美滿、做事有效率的。

與理想的「我」相比，現在的自己像一灘爛泥。

我工作三年，存款十萬，也結婚了，已實現自己狀態最差時寫下的目標。但還是會去想，自己現在值多少，有做到二十六歲該有的樣子嗎？

如果有刪除鍵，我想要刪掉這個沉重的問題，讓大腦輕鬆點，讓自己喘口氣。說不定替代胡思亂想的，就是些提高工作效率的好點子呢。

再次謝謝您！

答

　　我覺得價值這件事很重要，值得想一想。

　　「想」作為一個儀式也很重要，它可用來激發工作動力。不是每個人工作三年，二十六歲的時候，都能實現你這些成就的。你能達到目標，多多少少也和你老是「想」著這些事有關。吾日三省吾身，的確有好處。

　　但是過猶不及，「想」的時間太長也會有負擔。我的建議是劃分一個專門時段，比如在做重要事情之前，先有這麼一個「想」的儀式，一小段時間即可，就像古時候的焚香沐浴，幫自己提振精神。

　　用計時器設定時間，然後使勁去想：「自己現在值多少，有做到二十六歲該有的樣子嗎？」

　　計時器一響，立刻停下來，專心做事。

　　至於一次儀式需要多長時間，我沒把握。不妨先定為二十六分鐘，再根據每天實際情況靈活調整，如果儀式之後還是忍不住在想，第二天就延長時間。反過來，如果沒有那麼多可想，就縮短時間。

　　請堅持七天，告訴我這樣做的效果。

回饋

李老師，您好！

我真的想法非常多，家人和朋友也勸我要少想一點。所以看到您說想一想也不錯的時候，我感到很舒服。畢竟如果能做到不想，我早就不想了。

以下是我在這七天裡的實踐過程。

第一天

我計時二十六分鐘來想價值的問題，實際一共想了五十七分鐘。

早上七點起床以後，我開始想自己工作以來做過的事情。今年其實不算失敗，除了本職，還有兩份簡單的兼職，共存了五萬元。報了想學的興趣班，拿到了駕照，也考了一個工作上需要的證書。

有趣的是，想完之後，我開始整理書架，找到自己在二〇一六年寫下的夢想清單，第一頁上寫的，是存下四十萬買房基金。在雙方家人的支持下，這個曾經看起來遙不可及的目標，後來真的實現了。

接下來的時間，我完成了公眾號的文章朗讀，做完兼職，改了 PPT，寫了一章明年考試的習題，晚上參加一份兼職的電話面試，順利通過，開心得一直到十一點才睡覺。

第二天

我計時二十六分鐘來想，實際用時二十三分鐘。

其實從寫下問題郵件的那一刻起，我就感覺自己對價值的焦慮有所減輕，因為知道自己在尋求幫助，也猜想會得到幫助。

今天寫了一章考題，完成兼職，念了一個小時的書，好好吃了頓飯，睡了個午覺，晚上要開始上班了。今天做的事情比較少，因為頸椎和右肩痛得太厲害。在身體難受時，我不太會注意心裡的不適。比起自我價值，我真的應該關注自己久坐帶來的健康問題。

第三天

我計時二十六分鐘，實際用時二十分鐘。我從早上開始就在工作，準備材料。剛剛寫了一道考題，完成兼職以後打算好好睡覺。

第四天

沒有計時來思考價值的問題。

今天胃痛很嚴重，吃完止痛藥才勉強完成下午的工作。

我知道自己焦慮的來源，是下周的工作彙報和考試成績查詢。

我繼續修改 PPT，登錄了一次官網，去查還沒有公布的考試成績。還有因為斷線，我無法完成考試練習題。

今天的任務較少，完成兼職以後我就打算睡覺了。

第五天

我計時二十六分鐘，實際用時二十分鐘。

今天工作上的任務也很多，完成以後我靜下來想。當我開始計時，「想」這件事就成為一個任務，成為任務以後，我就希望它快點結束。

第六天

我計時二十六分鐘，實際用時二十四分鐘。

第七天

我沒有計時來思考這個問題。

思考自己的價值，只是用來逃避現實的方式。只要正視現實，我就得一一找出自己不夠好的地方。

價值這個問題我應該還是會想，不是透過關注自己，而是要透過外界的東西來勾勒自己的形狀。

不要過得太彆扭，想辦法去提高自己的專業技能，去和其他同齡人競爭，讓自己在未來十年進入想工作的單位做事。朝這個方向就好。

再次感謝李老師的幫助。

08

我不甘心做個普通人

今年已經是我第二次考研究所，但依然名落孫山。我已經二十八歲了。看著程度和我差不多的同學已經研究所畢業，在大城市工作，或者在大學從事教職，或者結婚生子，而我還在四處飄泊，沒地位、沒錢，也沒歸宿。深深地感覺自己是個徹頭徹尾的失敗者。

這麼長時間過去了，我也慢慢被迫接受，自己是個普通得不能再普通的人，告訴自己過去的成績不等於現在，也提醒自己脫下校服，每個人都要為自己的家庭和經歷買單。但我還是不能接受，我怎麼這麼失敗？

以前我爸總是說，小時候家裡曾來過一個會算命的人，他說我長大後會很有成就。每次腦海裡出現這句話，我就更痛苦一些。

生活還要繼續。我在猶豫是否再次考研，還是考個地方性的公務員就好？前者讓我覺得以後可能會遇到不一樣的人，發生不一樣的事，未來有無限可能。但我年紀太大了，家境又不好，妹妹還在讀書，總覺得這樣一意孤行只想著自己，太自私了。如果是後者，又覺得自己的能力只能錄取小地方，以後的生活就是上第一天班就能看到最後一天，太無望了，而且可能還要做一些沒有意義的、自己不認同的工作。每天都在上演這樣的思想衝突。

　　上班的時候，一閒下來，腦子裡就是這些。

　　可能是我還沒有想清楚自己要什麼吧，可是我要如何知道自己想要什麼呢？人生的意義到底是什麼？我為什麼總是想這些呢？

　　我不知道要何去何從，很希望李老師幫我分析一下。

　　我猜想你有一個假設，是希望在二十八歲的時候，就可以為將來一生找到一個足夠「好」的生活方式。

　　很誘人，但也造就了你現在的苦惱。你目前的生活中，還沒有看到好到可以託付一生的生活方式。怎麼辦？我有一個提議。

　　你只負責眼前一年，把未來的一生交給「命」。

　　算命的人說你會成就非凡。那是別人的許諾，卻成了你的

負擔，因為你把自己看成「命」的主宰者。這句話其實可以這樣理解：只要它是靈驗的，那麼無論你現在做什麼選擇，最終都會被「安排」走上一條成就非凡的路。

　　神祕的東西我不懂。但我的確知道，站在幾十年的時間量尺上，人是被「世事無常」主宰的。誰也做不到現在一個選擇，就能決定未來一生。二十八歲不能，三十八歲的時候也做不到。你能做的，就是安排好二十八歲怎麼活。等到二十九歲，可能延續之前的生活方式，也可能有大轉變，當了公務員說不定會辭職，念了研究所或許退學創業……你是自由的。未來的你想怎麼活，現在無法定義。

　　不要和算命的人搶生意，未來就姑且信之吧。你要想的是，如果只能安排二十八歲這一年，那要怎麼活？不知道這樣會不會簡單一點。能把一年安排好，活成自己想要的樣子，已經很不容易了。你可以想一個星期，再給我回饋。

🍃 回饋

　　李老師的閱讀理解能力太強了，總是能在一堆雜亂無章的敘述裡，找到一個主旨、一個落腳點。

　　其實看到李老師建議的時候，我已經沒有那麼糾結了，但您的回答還是給了我很多思考方向。

　　說實話，這一周時間我思考得不夠投入，可能是動力不

夠。李老師說讓我想想怎麼過好這一年，把它過成我想要的樣子。看了這樣的文字讓我很輕鬆，我想做到「活在當下」就好。

但我左思右想，今年似乎還是無法過成我想要的樣子。

我想要的日子太隨性了。我的心中還有很多牽掛，怕活得那麼隨性，錢會越賺越少（現在的薪水本就不高）。我擔心爸媽生病，沒有錢看醫生。我煩惱我妹上大學要為錢操心，不能安心學業。我想盡快買間房子，讓爸媽可以來我附近住。我覺得現在的每一步，都是幫未來鋪路，好希望能找到一條讓自己安定下來的康莊大道，因為把未來交給無常就有可能會輸，我沒有輸的本錢。

我喜歡安安靜靜，看所見之物的本質，多方面去追求精神世界，但爸媽還是希望可以享受更好的物質生活。他們雖然嘴上沒說什麼，但我總能感到那股期待。就像小時候他們說不在乎成績好不好，但我成績優異的時候，他們就表現得相當高興。

雖然不能把一年都過成我想要的樣子，但是有了李老師的啟發，我覺得可以在一年裡拿出一天、一個星期給自己，我也特別開心！也感到自由了。

複盤

我還記得這個問答剛發出來的時候，後台有一些留言替個案感到惋惜，說：「一年只能拿出一天給自己，那未免對自己

太苛刻了。」

　　我倒覺得，一天已經很奢侈了。從回饋中，不難體會到個案的苦惱──不是放不下，而是不允許自己放下。對一些人來說，人生天經地義就是自己的；但對另一些人，人生必須負擔的有很多。如果前者勸後者：「為別人而活太累了，不如關注自己。」其實沒什麼用。這個回饋讓我們看到，他們不是不懂得活在當下，而是確實有放不下的理由。

　　不理解這一點的人，也是幸福的。

　　而對於放不下的人來說，一年能拿出一天的假期，就很足夠了。如果有機會追加一條建議，我想請個案把這一天的日期定下來，圈在日曆上，這樣就不會錯過。我很想知道這一天他會怎麼過。

09

轉換期的迷茫

問

　　我人在國外。疫情期間，因為一些利益衝突，我被上級主管用卑鄙的手段逼迫離職。事情發生得猝不及防，之前毫無徵兆和溝通，公司給出的理由很可笑，我無法認同。我想轉到別的部門，也被阻攔。後來考慮到疫情變得嚴重，我無法和這樣無底線的人周旋，便辭職了。

　　可是辭職後我的狀態一直不好，覺得自己受到不公平的對待。每天超長時間的工作付出換來這樣的結果，我非常不甘心。

　　之後我也關注了一些遇到類似狀況的人，他們敢在網路平台上發聲，我非常佩服這些人的勇氣。家裡人總覺得這件事已經成定局，且在社會上屢見不鮮，可是我心裡就是過不去這道坎。夜裡常夢到那幾張臉，在夢中我會為了保護自己而大聲辯護，然後渾身充滿情緒地在凌晨突然醒來。尤其是最近，為了

平復自己，我開始看心理學的書，反而更常做這樣的夢。

　　我心中滿是憤怒與不甘，卻找不到情緒的出口。雖然我也想讓這件事過去，卻常因一些生活細節而聯想到當時的情況，一遍遍回想，一遍遍讓自己受傷。在幾個月以後，當非常信任的朋友問起我的近況，我講起這件事，仍然淚流滿面。

　　我目前所在國家的疫情依然不樂觀，相關行業都暫時不再徵才，我也抗拒上班，卻又對在家休息充滿罪惡感。總覺得自己應該做點什麼，但是打不起精神，心裡很排斥類似的工作，覺得這或許是一個轉換跑道的契機，然眼高手低，因想法太多而持續迷茫。

　　李老師，您可以給我一些建議嗎？非常感謝。

　　你現在不找工作有兩種心態，一是為了報復原單位（不想就這麼放過他們），二是為了自己（也許是轉換跑道的契機，要好好把握）。

　　我覺得兩種心態夾雜在一起，會讓人很混亂。停在這個狀態裡，是一種不舒服；離開這個狀態，又是另一種不舒服。試試把它們分開呢？

　　也許這樣試一試。把每天在家休息的時間分成兩段：上午因為氣不過而不動，下午為了考慮自己的發展而不動。兩個時

段井水不犯河水。雖然都是保持不動，但各自懷有明確的、清晰的目的，我猜感覺會很不一樣。但我不知道是上午的感覺更好，還是下午更好？

請你這麼嘗試七天，回饋給我你的感受。

回饋

感謝李老師之前的回覆，我的回饋如下：

對您一針見血的觀點，我非常佩服。在此之前，我一直尋求這個創傷的恢復方法，這也是我寫信提問的主要目的，但我沒有意識到在遲遲不動的行動中，隱藏著兩個完全不同的狀態。

七天觀察下來，我發現把兩種狀態分開非常困難，主要是難以從被迫辭職的不甘心狀態，切換到考慮未來的狀態。不甘心會讓我更難受，更情緒化，也更不願意去做點什麼。

有朋友建議，乾脆去對手公司效力以消心頭之氣，我也這樣想過，但是這麼做會離我的目標生活更遠。我之所以遲遲不找工作，更多是來自對轉業的渴望，打心底覺得之前的工作與我未來的夢想背道而馳。

在等待李老師回答之前，我花了大量時間閱讀投資類書籍，加上過去好幾年的業餘投資經歷，成為全職個人投資者變成一個選項。當我投注更多關心於這件事是否可行，專注在學東西本身上，就不再頻繁地想起之前被迫辭職的事情了，那種受傷

的感覺也更少出現了。它化身為「動」，雖然不是找工作這種「動」。

而後面幾天，我就沒有再刻意讓自己處在受傷的情境中。除了上述兩種狀態，我還發展出第三種，就是心安理得地享受什麼也不做的生活。每天固定看電視劇兩個小時，使我發自內心感到愉快。

最後，非常感謝李老師的建議。您讓我意識到，雖然是被迫辭職，但只是一個處在轉換期的普通人，面臨著人生階段抉擇的矛盾。

改變的工具箱

● 去除評價 ●

　　人人都有獨特之處。特點本無好壞之分，但在約定俗成的職場中，就產生了評價。這個章節裡幾位個案的特點，如「一周只想工作一天」、「恐懼權威」、「對當下的工作有牴觸情緒」「熱衷於自我反思」，就被評價為缺陷。但要發揮它們的長處，就要擺脫消極的暗示，將其還原為「個性」本身。誠然每種個性都會給工作造成影響，但都可以導向正面的價值。我們透過好幾個實驗證明了這一點，如一周只想工作一天，那就抓緊這天好好幹。

　　最難的其實是自我譴責，只工作一天的同時，質問自己「剩下六天要做什麼」。從負面的框架看自己，看到的就全是錯漏，繼而自責。這非但不會帶來積極的行動，反而加劇了問題。越是沉浸在「我不好」的聲音裡，就越是孤注一擲，也沒有力氣去改變什麼。而最值得思考的問題是，「既然我是這樣，那這樣的我又能找到哪些資源，去把事情做好呢？」

所以，請先停下頭腦裡那些吶喊「我不好」的聲音。

・改寫故事・

　　人是活在故事中的。同樣的素材，編織成不同的故事線，就會帶給人不一樣的行動方向。同樣都是離職，在【09 轉換期的迷茫】裡，既可以講一個「受到不公正對待，不得不離開」的故事，也可以敘述一個「把握機會，順勢離開」的故事。前者就會指向以某種方式報復回去（甚至不惜讓自己的職業生涯受打擊），後者則帶往一個更有彈性和前景的變化空間。

　　因此，任何處於困境中的人，都有某種程度的選擇權，「問題」只是一種主觀建構，是若干個故事版本之一。提問本身就在參與創建問題。試圖解答問題的人也不要忘記，個案已經嘗試過一切方法，都不能解決自己的問題。也許存在這樣的可能：「問題」在強化它自己。順著唯一的敘事邏輯匯出的解決方案，非但不能解決問題，反而讓它更牢固。

　　那麼，你要給出不同的答案，就先要剪輯一個不同的故事版本。在職場語境下，故事常常指向一個弱小無助的「我」，一個心懷惡意的或是漠不關心的環境（老闆、同事、任務、甲方），在進行一場殊死搏鬥。圍繞這條主線，我們當然可以找到足夠多的素材上演好戲。

　　同樣的素材也可以用在不同的故事裡：我真的那麼弱小嗎？我是否也有資源、能力、經驗或是謀略？對方是否真的不可理

喻或不可戰勝？有沒有可能，沒有那麼邪惡或冷酷，也有他的弱點或軟肋抑或情感，有關心的人和在乎的事？甚至（假如我們很努力地發掘），也有表達一絲對我的善意？我和他之間，除了對立和戰鬥之外，是否也有合作和互相成全的空間？

• 人與角色分離 •

　　人在不同環境下扮演不同的角色。角色不是人的全部，即便工作占據了生活的大部分，也不能將職場角色與個人混為一談（比如，不能因為一個人的職業是教師，就默認他在生活中也要處處為人師表）。反之，也不要因為某個人自我的身分認同，就限定他在職場中只能扮演什麼樣的角色（正如不愛社交的人可能成為一個好業務，悲觀消沉的人也可以表演喜劇）。

　　很多人的痛苦在於，他們把在角色中獲得的回饋，誤以為「我是誰」。他們在職場中束手縛腳，難以發揮主動性，也許是害怕（因為角色中的挫折）證明「我不好」。現代職場跟生活的邊界越來越模糊，人們下班後不得不把工作帶回家——只要會用手機就不可避免。另一方面，輿論也在灌輸這樣的印象：你要工作，但不能是出於「你要工作」才工作；工作是一種崇高的、內在價值的實現，你需要發自內心地熱愛並且擁抱它。

　　人生和工作合二為一，固然感人，但實在做不到也不妨分開，有時還會有輕裝上陣的效果。工作是我們在特定的時間和環境下扮演的角色，而人生還有更多的面向。這樣想，也許還

會讓一些工作做得更好。

· 短期的確定 ·

如果從職業生涯的角度考慮人生（往往跨越了三、四十年），常常會為眼下做的事感到焦慮：「這是我想要的嗎？」一方面它讓人思考更長遠的意義，另一方面也可能讓人過多地沉浸於思考，而停止行動。

未來無可避免地不確定。人們無法預見五年十年後的生活，而眼下的生活也必須在確實的行動中，才能轉化為確定性。一個人若把大量時間都用在思考未來（找對方向再上路），我會建議他想不出答案時，先找時間把眼下的事做完。

這是並行不悖的兩種生活：眼下怎麼過，跟未來去哪裡不見得有關。【08 我不甘心做個普通人】裡，我的建議是「先過好這一年」。對年輕人來說，我認為一年已經是「確定性」管用的最大範疇，兩三年之後會在哪裡、會做什麼，誰也說不準。

人需要遠見，也需要確定性。雖然想不清未來，但你也擁有一年或幾個月的確定性。一邊想著長遠的事，一邊讓自己先過好這一年。

· 最小行動按鈕 ·

複雜的工作在啟動之初，會讓人因困難而卻步。解決的辦

法是把工作的第一步，設計為一個簡便、快速，又能對外界發出信號的動作。一方面阻力小，做起來沒有難度，另一方面也是在向其他人宣告：我開始啦。這是利用人際回饋的原理，按下一個啟動的按鈕。

像我常常抗拒一些繁瑣的事務性手續，如簽合約、填資料，一份表格往往一拖再拖，直到過了截止日期還被三番五次催促。現在我的做法是：不管情願與否，先約一個快遞上門取件。相比填寫那些複雜資料，叫快遞太容易了：手機下單，寫好地址，搞定。一分鐘都不用，就按下了這個按鈕。

開弓就沒有回頭箭。快遞員打電話，說一小時後取件。我就必須在一小時內準備完畢。因為有了第一個動作，後續動作就接二連三，不想做也沒辦法。運用同樣的思路，如果你遲遲沒有動力啟動一項專案，也可以先拿起手機，跟主管約好時間，承諾到時彙報專案的想法。

但這種方法有一個前提，那就是我和快遞員沒有複雜的恩怨，我也不擔心他的捲入，給我帶來更長遠的麻煩。如果你對職場人際關係沒有這樣的信心，也可以試試不讓其他人知道，只做一個動作來宣告自己「啟動」。就像【01 跨不出第一步】的個案，寫一段簡歷就刪掉，除了自己之外並無人知曉。事實證明，這也能作為一個按鈕，引發更大的改變。

親密關係是兩個人的私密互動。某種意義上，它應該是最容易處理的。每一對伴侶都有自己偏好的相處方式，不同的距離、不同的配合、不同的需求與契合方式。只要兩個人都感到舒服與安全，就是一段好的關係。它沒有固定的、需要學習的規則，也無須權威的指導。怎麼樣都可以。但它偏偏又是最複雜的一種關係。

這是因為我們寄予了太高的期望。我們希望對方是獨一無二的，是懂我的，是讓人感到慰藉和被珍視的，且這份關係是富足的、是靈性的、是忠誠的……。

親密關係是每個人在孤獨時的救贖。在這樣的期待下，難免患得患失：「我這樣是可以的嗎？」一旦啟動了某種外部標準，把自己架到被評判的位置，就總能找到不足之處。這時候，親密關係對人非但不是滋養，甚至會變成進一步的苛責：「也許我缺乏愛的能力？」即便沒讀過本章的這些來信，你也知道，有瑕疵的關係才是最普遍的狀態。我們來看看它真實的樣子。

對伴侶過度期待，就容易破壞親密關係。

CHAPTER **04**

患得患失的
親密關係

01

和伴侶一溝通就吵架

　　我和男朋友頻繁為一件事吵架。我想要更多的關心呵護，而他卻拒絕這樣做。只要我一提出要求，哪怕是一個簡單的問句，他也會生氣。

　　我希望我們能交換意見，對這個問題達成共識。每次問他生氣的原因是什麼，或者更具體的細節，他都會抗拒，並且反問我：為什麼一定要把事情說得明明白白、清清楚楚呢？

　　他不願溝通。不知道有什麼好怕的，只要我提出，他就變成戰鬥狀態。而且他的自尊心很強，如果我直白點說他不對，他立馬就會生氣。

　　這樣吵架很傷感情，被刺痛、逃走、又心軟回來，這樣重複的時間越來越長。但我還不想放棄。請問該怎麼和他有效溝通，解決這個問題呢？

再補充一點，我這幾天開始意識到，自己無法強求別人做什麼，包括男朋友。他選擇做什麼是他的事。如果我們還是沒辦法溝通，會繼續為了各種事情爭吵不休。

你好。我先說怎麼做，再解釋具體原因。

請你告訴男朋友，以後你不會強求他做任何事，但仍希望得到他的關心，所以，每天早上你要在一張紙上寫一個心願：我希望今天被怎樣關心，然後貼在你們都能看到的地方。他願意滿足當然好，你會開心。如果沒有滿足，你也接受。晚上睡覺前請把紙條取下來，保存好。你們的關係是對等的，他有需求時，也可以像這樣寫紙條（當然了，直接提出來也可以）。

接下來是解釋。

紙條是一種新的溝通方式。對他來說，用語言溝通代表「不得不回應」的危險。其實，你們一直持續在溝通，只是原來的方式對彼此都傳遞了一些負面訊息。你們必須使用一種「安全」的溝通，而不是一發聲就像點燃火藥庫。用這張紙條，你可以無聲地傳達：你允許他不做回應，同時也希望得到關心。這樣，溝通的目的就達成了。

另外還有兩點附加的訊息：

1. 你想繼續這段關係；
2. 得不到回應時你會有點失望。

只要你持續貼紙條、取紙條，就是在不斷地傳遞這兩點訊息。請嘗試一個星期，告訴我效果如何。

🍃 回饋

李老師好，很抱歉，我沒辦法實行寫紙條這個方法。因為這個方法的重要前提，是我和男朋友住在一起，但事實並非如此。我們在同一個城市，一周見面兩、三次，之前偶爾會在對方家中過夜，我本以為至少還能試一、兩次，結果這禮拜兩個人都太忙了。

不過，我還是有些小發現跟大家分享。其一，我嘗試過自己先寫好紙條，結果忍不住把內容寫得很長，變成了一封信——更準確地說是一封控訴信，還邊寫邊哭。

我發現把要求變成簡單的一句話好難，因為理想中提要求的方法就像是做計畫，要具體，不需要男朋友絞盡腦汁來猜測。這麼做之後，我開始理解他的處境，並且對之前莫名其妙的要求和生氣感到有點內疚。

其二，我們慢慢地可以溝通，沒有吵架。或許是因為我們兩個人都各自有反思，有退讓。

這段時間，有一次我們差點吵起來，還好及時煞車。當時是見面之前，我給自己時間空間先冷靜下來，忍著不去指責。見面的時候我已經不生氣了，只是他好奇原因，我才跟他講。他知道之後，只是說他覺得有點無理取鬧，並且解釋了理由，這件事就這樣過去了。

　　有點神奇的是，寫提問的那天晚上像是個轉捩點。我們吵架了，之前我總是想要爭論，那天因為工作太累，不想聽話說話，便把微信卸載了。從這些事情中抽離出來後，才意識到自己變得像控制狂，歇斯底里地索求關心。提問之後幾天，一直沒有動靜，又看到其他人提出的問題比我的嚴重，我想，我遇到的或許是很小的事情。

　　可能是這種態度，也可能是別的什麼東西改變了局面。

　　謝謝李老師的解答，我感覺到自己的小訴求，也有被溫柔而鄭重地對待。

02

我越操心，
他就越沒信心

問

這次疫情，老公失業了。

我們在一起十年，去年結婚，一直感情很好，相處融洽。我工作比較穩定，收入這幾年也還可以。他畢業不久便辭職去創業，接著再工作兩年，加入了同事的新創公司負責運營工作。公司經營得不算好，疫情之後徹底停擺。

去年他開始考慮學習資料分析，想要跳槽，但學習中夾雜著大量的自我懷疑，如年紀大了還會不會有人要。求職進展也很緩慢，今年開始投簡歷，但數量不多（他總覺得自己不夠精通，不敢亂投），也沒有回音。接著報了網路課程，第一階段學完之後又開始投簡歷，依然石沉大海。

之前他工作不順利，我壓力也很大，但一直在自我調節，且絕大多數時候給他鼓勵和安慰。不知怎地，三十歲以後不安

全感越來越強烈，想要孩子的願望也越來越迫切。我一直以為他很努力在投簡歷只是沒回音，前兩天才發現他投的數量極少，但無論哪種情況，都已經到了我情緒爆發的臨界點。

他說他覺得自己太失敗了，踏入社會，什麼事情都沒做成。我問他什麼才算不失敗，他說比如新創公司做得好，寫本小說受歡迎，資料分析能上手，股票賺很多錢。我問在剛加入新創公司，建構完運營體系時也這麼覺得嗎？他說當時不會，但在公司越來越弱的時候就這麼覺得了。

他說自己把一手好牌打得這麼爛，之前想轉型產品經理、資料分析、寫小說、炒股都是逃避，不知道自己想做什麼、能做什麼。如果做個沒什麼成就的普通人也就算了，但是連普通人也做不好，真是爛透了。我說你去看看心理諮商師好嗎？他猶豫著說好。

當晚我哭著睡著，第二天醒來繼續哭。他說昨天情緒太低落了，現在覺得自己也沒那麼差，他會繼續學習，國慶日前一定找到一份工作。

雖然情緒上感到一點點安慰，但是我覺得自己不相信他了。過沒幾天他又會回到原先的狀態，周而復始，又拖好久，還是沒有工作。

我常常會陷入這種不安的幻想，畢竟這些年他在經濟上，真的沒什麼貢獻。現在所有家人都不知道他失業，也不了解前些年他的不順利，我還要替他隱瞞事實。一想到未來經濟的壓力，就會對他有些怨恨，這是過去幾年我不敢面對的煩惱。我

們是很好的朋友，我對他情感上有依賴。現在被這兩種情緒撕扯著，很痛苦很痛苦。

我看過李老師關於拖延和焦慮的一些回覆，很想轉給他看，也想和他說說冥想和正念，但是我忍住了，我怕自己的控制欲，也是讓他沒有自信的原因之一。想向您求助兩方面的問題：怎麼自救？怎麼幫助他？

說了太多，不好意思。如果能收到回覆，在此提前感謝您！

我的建議可能有點古怪。請你在未來一周之內，至少有三次，每次至少一小時，可以離開你的老公，去做你喜歡的事，什麼都可以。

這個建議看起來和你的訴求無關。你鉅細靡遺地記錄了這麼多文字，都是為了幫他。但這是一個不好的循環：他懷疑自己沒有能力，而你越是努力幫他，就越證明他沒有能力——你幫他解決問題，就等於維持他的問題。

既然如此，不如放棄這個目標，考慮更現實一點的事情如何？假設你老公暫時就是這副德性，無法更好了。在此前提下，你怎麼讓自己過得好一點？

你努力，又有能力，值得讓自己過得更好一點。最起碼，每周可以有一些時間是給自己的。

請你先這樣過一周，試試看，不為老公操心的感覺怎麼樣？他覺得怎麼樣？期待你的回饋。

 ## 回饋

　　看完李老師的回覆，腦子裡有點空，瞬間想不到有什麼能讓自己高興的事。但我還是努力去做了，以下是每一天的紀錄。

第一天

　　下班路上看到了好大一朵雲，被夕陽映照成橙色。這景象難得一見，於是叫老公一起出來觀賞，順便去了超市，回家看了綜藝。說不上多喜歡看綜藝，但是先從不控制自己、放鬆下來開始吧。心情比較平靜。

第二天

　　繼續放任自己，買了已經很少吃的甜食。

　　心情依然平靜。這兩天主要精力都用在思考自己喜歡什麼上，只在下午想了一下老公的求職問題，也沒有問他什麼。

第三天

　　整體情緒頗為平穩，沒有難過時心裡糾結的感覺。聽了爵士，聽了初中時喜歡的歌，這麼多年過去還是覺得熟悉且好聽，

在回憶裡待了一會兒。工作不忙，效率還挺高。

第四天

今天的一段時間還是獻給老歌。曾經耳熟能詳的旋律響起，腦子裡充滿了年輕時的片段，校園裡的花間小路，宿舍夜晚陽台上襲人的涼意，和夥伴從歌詞裡猜測未來的模樣……記憶裡的那個自己熟悉而陌生，年少時光總是泛著不知因何而起的愁緒，如今回憶起來卻籠罩著淡淡且溫暖的光。我的世界底色比那時還是明亮了許多，人也是強大了不少，如果偶爾可以躲進以前的時光裡，那該有多好。

第五天

白天狀態不太好，頭疼，工作上也有點麻煩。回家後出去逛逛（很久沒有閒晃了），兩人都忘了帶鑰匙。情緒還好，他邊走邊唱歌，回家又唱了半天。我倆都感慨了一下，差點忘了他也是唱歌很好聽的人哪。

第六天

周末的時候常常會情緒化，一般源於無所事事。看了綜藝，出門逛了超市吃了飯。這周出門的頻率高了好多。稍微討論關於他學習和求職的事情。正常對話，情緒平靜。

整體來說，這周的情緒比較穩定，努力取悅自己的過程，

讓我找回了一些舊東西。譬如聽老歌那天，和他聊起感受和回憶。他說：都忘了你還是個文藝女青年呢。他的情緒肉眼可見好了很多。他說會受我影響，可能我也會給他力量吧。但還有一點反面的猜測：他會不會覺得，這段關係可以包容他不改變，這樣反倒助長了他的逃避呢？……

複盤

有一種說法認為，幫助的背後有另外一層含義，就是「看低」：你自己搞不定的問題，我可以搞定。雖然助人者自己不這麼想，但不能保證接受幫助的人想法會是如何。處在這個階段，他們對自己的信心本來就不足，便更可能因為善意的援手而感到受傷害。所以，最好的幫助有時反倒是不幫。

不幫的意思是，「我相信你有能力解決這個問題。」它會讓人有更多被尊重和信任的體驗，依靠自己解決問題並獲得成就感。當然了，凡事不能過頭，如果對方明確表示需要幫手，就不能放任不管了。

在這個例子裡，丈夫需要建立對自己的信心，這是妻子無論如何替代不了的。妻子少做一點，丈夫靠自己解決問題，才是信心的來源。

從互動的角度來看，「不幫」還有一個好處，那就是把雙方的權責分得更清晰。如果知道我們在乎的人能好好照顧自己，

不會為了我們而捨棄他自身的需要，這會讓我們鬆一口氣，更從容和專注地面對自己的問題。否則，在解決問題的同時，還有另一重壓力，即擔心自己拖累對方。這是幫助的另一個副作用，讓受幫助的人背負了某種情感負擔。

03

喜歡被照顧，
卻無法心安理得

 問

我對我老公一直有著深深的愧疚感。

平時主要是老公指導孩子的功課，我不是在看書，就是在滑手機。我覺得自己過得太輕鬆了，帶孩子的重擔都壓在老公身上。

孩子去上才藝班，都是老公開車接送。因為我不會開，也不想學。送去的時候基本上我都有跟，但心裡一點也不想，因為兩個大人一起去陪孩子，有些浪費時間。有一段日子只有老公送，但沒幾次又恢復原狀，原因是我覺得應該陪著他才對。

有時候老公開車去上班，會先繞路送我到公司。對於這樣的事我其實不是很願意，因為這樣又要麻煩他了，但是又覺得不應該拒絕老公的心意，他對我的愛只有我接受了，他才會開心。

生活中還有一些其他的事情，讓我感覺老公在我們的關係

中承擔更多，例如情緒：一是討好，刻意用力地去討好，但是其中又帶有委屈；二是煩躁和抱怨，他對我這麼好，我就有壓力，會煩躁。

有一種說法，夫妻關係中同時存在四種狀態：大人、小孩、男女，以及靈魂伴侶。我和老公的關係裡，我大部分時候是小孩，把他當作大人。可是我又很討厭自己的小孩狀態，所以會嘗試當大人，但是當大人又讓我覺得委屈。很混亂很糾結，我覺得自己是個神經病。

我不知道我可以做些什麼，讓自己在親密關係裡更舒展一些。

某種意義上，親密關係可能是世界上最容易的關係了。它沒有固定的、需要學習的規則，如果硬要說，只有一條：兩個人覺得可以就可以。

你們夫妻現在的情況是，自有一套各取所需的分工方式，就是他做得多一點，你做得少一點，你願打，他願挨。本來很和諧，只是你頭腦裡有一個聲音在說：這不行！夫妻不「應該」是這樣——這個聲音是那些理論和書本灌輸給你的，它讓你相信，愛有一種正確的樣子，否則就容易招致麻煩。你確實遇到了麻煩，但麻煩恰恰是因為這個聲音，而不是這段關係。如果

沒有這個聲音，你們還有什麼問題嗎？根據你上面的描述，看不出任何問題。

那就請這個聲音閉嘴，不就好了嗎？

我想請你試一試，在未來一周，每當你感到「對不起老公」，煩惱「是否該討好他」的時候，不要讓這些想像的聲音限制你，而是直接向老公確認。只要問他一句：「你喜歡嗎？」

如果他確實不太喜歡，你們再商量怎麼調整。

但他極有可能是喜歡的，有些人就是享受在關係裡付出更多。那你就大大方方承認：「不好意思，其實我也喜歡。」你頭腦裡的聲音，可能會在一旁說：「太可恥了！這是小孩的情感狀態，愛要建立在平等的基礎上，你不可以偷懶……」等等。這些聲音無論聽起來多麼理直氣壯，都不用理會。兩個人都喜歡，就夠了。下次你可以用電影《大話西遊》裡的一句台詞，去對付自己頭腦裡的聲音：「人家郎才女貌，天生一對，輪得到你這妖怪來反對？」

請在一周後給我回饋，看看會帶來怎樣的變化。

 回饋

李老師，您好。

您對我問題的回覆，我很感動。依照您的建議嘗試之後，整個人覺得輕鬆很多。具體的內容我都記錄下來了。（作者註：

具體嘗試涉及過多生活細節，公開發表時只保留兩項。）

比如星期一晚上，孩子去找同學玩，我和老公吃完晚飯後，就各自在滑手機。我察覺到「妖怪」的聲音：我應該去和老公一起看他感興趣的內容。

我試著說：「老公，你看你的手機，我看我的手機，這樣可以嗎？」

老公：「可以啊。」

我：「我也覺得可以。」

說完就很輕鬆，這種舒服的感覺延續了很久。

還有星期五晚上，準備給孩子默寫，老公說：「讓媽媽來。」孩子說：「不要。」

我：「孩子希望你幫他默，你願意嗎？」

老公：「我願意啊。」

我：「你倆兩情相悅，我就不用湊上去了。」

老公：「那還不是怕你失落嘛。」

我：「哦，這樣啊，我不失落，你們請。」

之前發生過類似的事情，老公要我去看一下孩子作業，我認為他是不願意指導，所以愧疚感就出來作怪了。這次和老公確認之後，才知道他是為我考慮。確認的感覺真好。

李老師的建議和網友們的評論，我看過幾遍，很多點觸動到我，特別想回饋給大家。

1. 李老師說：「不要讓這些想像的聲音限制你，而是直接向老公確認。只要問他一句：你喜歡嗎？如果他確實不太喜歡，

你們再商量怎麼調整。」看到這些話讓我有退縮的感覺，因為害怕老公說不喜歡。我一邊享受他的付出，一邊愧疚，一邊不喜歡自己的愧疚感，同時又不願意改變。

2. 比較難做的是「告訴他，我也喜歡。」說出這句話需要很大的勇氣，就如同留言裡一位網友說的：學會被別人愛和接受別人的愛也很重要。不敢接受別人的愛，被愛是一種壓力，這是我對老公有愧疚的一個原因。

3. 留言區另一位網友說：「這不應該，但我喜歡。這不應該，我也不喜歡。這應該，但我不喜歡。這應該，我也喜歡。」這給了我啟發。我對老公做的一些事情，好像是在討好他，其實我也很喜歡做。那麼，只要是自己喜歡的，那就去做，就算是有討好老公的因素存在，有什麼不可以。

4. 如李老師所說，我和老公的關係確實沒有其他問題，唯一的麻煩就是我內在的那些聲音（怪不得被說是大型凡爾賽現場）。留言區一位網友說：「也許這個女生其實是在想：如果他總是任勞任怨，心裡會不會對我產生不滿，會不會逐漸不愛我了？所以會有不敢接受老公的愛這樣一種恐懼感吧。」是的，恐懼感。內心那些聲音的來源是恐懼，恐懼失去這份滋養我的愛。（編註：凡爾賽文學指的是一種「不明顯的自誇」、「低調的炫富」技巧。）

04

他犯了錯，
我卻不敢回嘴

　　松蔚老師，一直很想寫信問您，但內心真的很忐忑。簡單來說，就是我發現丈夫出軌了。他總是以各種藉口說在忙工作，實則是偷吃，但也不是單純一個對象，有的是網路上隨時可以約的人，有的是他在外假裝單身時認識的人。說到這裡，可能老師您或者是看到這篇文章的人都會覺得，這樣的人不離婚還留著過年嗎？

　　可是我真的無法下定決心離開。

　　其實一直以來，我們也算相處得滿好的。比起其他人的老公，他算是非常用心，會時時把我一些實際需求放在心上，替我認認真真挑選禮物，也願意花時間陪我好好聊天、規劃未來。

　　他是那種手機不離手的人，密碼也沒告訴過我，我以為他只是看點成人電影罷了。但有一天，有個機會可以看他的手機，

我忽然很猶豫，可是又說服自己那就看看吧（是的，內心還是抱持懷疑）。結果就像開頭說的那樣，我整個人都在顫抖，他竟然為了那些事情，對我說了無數謊言，臉不紅氣不喘。甚至他要出差我還忙前忙後打點，像個傻子一樣。

松蔚老師，我最痛苦的一點就在於，我是否錯在去懷疑和去發現呢？我猜很多人可能都遇到過同樣的情況，為什麼他們還可以繼續在一起呢？我是否應該只聚焦在我們之間的好，而不再探究其他呢？

我回想還沒發現證據的時候，大多數時間仍是快樂的，只是知道了以後，好像什麼都不一樣了。我成天提心吊膽，如果他又說謊，我只能把自己扔進悲傷裡，想要掙扎卻似乎改變不了什麼。如果發現他沒說謊，心口大石落下，暫時鬆了一口氣。

看了很多關於親密關係的書和課程，好像也沒有把自己治癒。我曾旁敲側擊詢問，但他每次都勃然大怒，認為我不夠信任他。

我知道說出這件難以啟齒的事，得到的答覆應該都是直接分開吧。只是我還不希望是這樣，可不可以有其他辦法呢？

答

你要做一個非常重大的決定——是否要離婚。這個決定我無從置喙，需要你和他一起討論後才有最終結果。

做這麼大的決定，光說一聲「離」或者「不離」都是不夠的，沒那麼簡單。做這個決定對你很困難。你必須要有心理準備，它是一個漫長的過程，只有一步一步地往前走，走完第一步才有第二步。

第一步的路標是什麼呢？是你先坦白。

你在這段關係裡也是偷偷摸摸。你知道老公出軌，同時不能讓他知道「你知道了」。發現偷吃這件事，就成了你在獨自隱藏的「祕密」。

祕密會蠶食一段關係。它讓兩個人無法開誠布公，充分交流。即使是你這樣的祕密，也會讓你在這段關係裡倍感煎熬。

我的建議是勇敢一點，說出來。

說出來很痛苦，但會讓關係更簡單。你不需要再隱瞞他什麼，吵也好、鬧也罷，你們會像一對正常的夫妻那樣，啟動再平常不過的交流。

你們很久不曾合作了。但你們必須再合作一次，才有可能抵達下一個路標——做出「離或者不離」的決定。

請考慮一個星期，告訴我你的想法。

◆ 回饋

松蔚老師，謝謝您的回覆，也謝謝大家的建言。一周過去了，我還是開不了口。

而且，我不確定說出來之後，確實可以讓關係更簡單嗎？有時感覺他真殘忍。既然如此，我應該要更冷靜一些，整理好就轉身吧。

對不起，沒有給一個很好的回饋。

抱抱大家，希望你們都快快樂樂的。

複盤

這是一個遺憾的結果。之所以遺憾，是因為這個結果顯示出，我對這件事情是不中立的。我有一些偏倚，希望這對夫妻溝通。這個回饋讓我意識到，「坦白」這個動作，比我認為的更沉重。我以為它是順理成章的，但它並不是。

一些讀者也許感到不解，「犯錯的又不是她，她在害怕什麼呢？」無論是誰犯的錯，一旦把這件事情攤開來，就代表著夫妻關係有了劇變──離婚或是不離婚，雙方都不能再像現在這樣相處。這是巨大的失落。個案需要遠遠超過一周的時間，為這個行動做準備，或許她永遠都不想有行動。

如果她一直把這個祕密放在心底，他們的關係可以一直保持嗎？

我也沒有答案。可能有一些夫妻的做法正是如此吧！

05

做決定之前的準備

我非常渴望幫助，在無盡的眼淚和吵架中我覺得好疲憊。老公經常和我有爭執，他很容易心情不好，然後找各種雞毛蒜皮的小事，把情緒發洩到我身上。我被傷害後他會後悔、道歉，然後循環往復。

我曾經做過一個紀錄，八個月中只有兩個月沒有吵架，其他時間每星期吵一次。吵架內容也大同小異，甚至完全相同，就連天氣太冷了他都會對我發脾氣。大多數的狀況是他工作沒有進展，很煩躁，就來找我的麻煩。

以前我想要把一切做好，盡可能幫助他，但他說那些沒用，他只是想獨處，要我走開。我很受傷，但還是調整了狀態約朋友出去。如果我自己過得很開心，他又會生氣，說我不陪他、不關心他。很多事他都會埋怨我，所以現在我都不太敢點菜，

連我吃什麼經常也是他來決定。

他平時會幫我煮飯，關心我，我們的嗜好和世界觀差不多，所以很多美好的事物也會一起分享。他經常和朋友說我有多好、多感激我，也常常覺得對不起我。和他在一起，很多時候我會感覺溫暖，但他變臉的速度超級快，前一秒風和日麗，後一秒狂風驟雨。我在這段關係裡煎熬了十五年，因為焦慮和長期憂鬱，胃已經搞壞了。

我四十歲了。他對我的粗暴，就像懸在我頭上的一把刀，隨時會落下來。我不想一輩子在恐懼中過活。我時常強烈地感受到不被尊重和關係不對等，有時候覺得他就像一個酗酒的人，反覆說要戒酒，但根本沒有用。

我是不是該離開他呢？他還能改邪歸正嗎？

答

你好！我猜你也能預想到，這個提問下面的大部分建議會是勸你離開，但如果你能下定決心，就不會來問這個問題了。你的猶豫肯定有道理，做出一個重大的決定，需要更多的時間思考。任何人都不能替代這個過程。

所以，我的建議不是針對你該不該離開，而是針對你要如何做出「該不該離開」的決定，我有一個辦法。

那就是定一個時間。時間就是你必須「下定決心」的日期。

你會經歷一個猶豫的過程，搖擺不定，多方徵求意見，會在某一刻下決心然後過幾天反悔……把這些全算進去，你會有一個最終做出決定的時間。請你提前決定這個日期，這比決定「該不該離開」要簡單多了。在這一天之前可以充分思考，但是到了這一天，無論如何要有一個最終結論。

離開或不離開，那一天必須說了算。

我通常會建議你留出幾個月到一年的時間。你可以把日子定在十二月三十一日，有辭舊迎新的氛圍。也可以是其他日子，如生日或紀念日。

定下日期之後，拿一支顏色醒目的筆，在月曆上的這一天畫個圈。這樣它就可以一直提醒你。

好了！這就是你做出決定的第一步。只要定一個日期，畫個圈就好了。這周只做這一件事，其他的什麼都不用做。一周後告訴我，畫下這個圈後，你的心態會不會有一點不同？

 回饋

看完回覆，我突然感到非常難過。想像著最後分別的那一刻，無法控制眼淚大顆大顆地落下來，腦中浮現出他拉著我的手走在街上，沒頭沒腦愣愣的樣子。一邊哭，一邊覺得好羞恥。

平靜了一會兒之後，開始想定個日子。

就在十二月三十一日吧。我想度過一個完整的春夏秋冬，

來給自己力量迎接新的開始。想到還有這麼久的時間，我突然覺得輕鬆許多，畢竟可以不再糾結離婚的事。最近一直在為做決定煎熬，每天都不斷地左思右想，問題在哪兒，接下來要怎麼做。甚至常常賭氣，想立刻結束這一切。

現在我需要放下這些事，把自己的日子過好，把失去的東西先找回來。

我幫自己買了一直想要又不敢買的東西：一個可以夏天在地上打地鋪的床墊、一條不知道會不會後悔的新裙子、一件新泳衣、想看的書、好吃的美食。我還計畫出門旅遊。

婚姻是生活的一部分。我的生活是否幸福是比婚姻更重要的事，那我先好好生活吧。

我知道也許不該和他結婚。我和他斷斷續續談了八年戀愛，那時候他比現在還要喜怒無常。我們經歷了很多次分手和復合，後來我遭遇很困難的時期，覺得快扛不住了，想抓住什麼浮起來，不然就會沉下去。這時候又見到他，我突然說：要不然結婚吧。

我知道他有各種問題，也了解這些問題很難解決。但結婚以後，愛讓我浮起來了。我慢慢不那麼憂鬱，也有了力量。所以我特別珍惜這段感情，也感激他給我的愛。婚後我一直對他說，我要為他變好，也一直在努力擺脫憂鬱。結果病好了，後遺症卻是一直不自覺地圍著他轉，生活在一種感情依賴的惰性裡。

您的建議是要我定一個做決定的時間。我感覺時間被拉長

了，緩解立刻要做決定那種心急如焚的焦慮，也避免因為衝動而做決定之後，可能帶來的痛苦。讓我檢視自己，也更客觀地看見他。從現在開始到十二月三十一日，這段時間我要先把自己找回來，然後再從容地做決定。

複盤

　　在這個建議裡有一個動作，就是畫一個圈。不只是敲定一個日期，還要用筆畫出來。如果畫在月曆上，每天經過都能看得見。那麼，這個簡單的動作就是一個醒目的符號。這就是行動帶來的改變。

　　因為有這個符號，暫時不做決定的每一天，心態都會更從容，至少不會那麼自我懷疑。人們遇到這種情況，最難過的首先是自己這一關。我常常在網路上看到這樣的求助，底下留言的人都會「勸離」，這樣的聲音很急促，反倒讓接受提議的人更難過。他在心裡想：「我也知道該分手，但就是下不了決心，我是不是有什麼問題？」帶著這樣的壓力做決定，不但不會更勇敢，反而會對自己有更多的否定。

　　所以慢慢來，軟弱和猶豫都沒有任何問題，下決心就是需要很多時間。就像這位個案，時間讓她變得更從容——前提是畫一個圈。

06

沒有人活該做個好人

李老師好！有一個問題困擾我很多年，過了這麼久我還是無法解決，希望能得到您的幫助。

我和老公結婚多年，當初認識他時他很努力，積極向上，一看就是能一起奮鬥把日子過好的人。但是隨著小孩出生，他越來越懶，常常把工作弄得一塌糊塗，他的主管打電話來，請我好好勸一勸他。其他同事和家人也都私底下在抱怨，他做事不用心、懶散、心不在焉。

他以前做生意虧過一些錢，都是我在努力還，他卻一點也不著急。這五年間，至少換了七、八份工作，我不知道他想幹什麼，嘗試過和他溝通，不出三天又是老樣子。我勸過他，也沒有用。不明白他到底是怎麼想的，說多了就發脾氣，拒絕溝通，我也沒有看到他的改變。

我感覺和這樣的人生活特別累。每個人都應該管好自己，做好分內之事，不應該給身邊的人添麻煩，更不能讓同事家人去找自己老婆投訴。除了工作，他算是個好爸爸。但我們欠了一屁股債，不能我一個人去還。生活的壓力全在我的肩膀上，真的不知道該怎麼辦？

　　我猜，你對這段婚姻是做過判斷的：你還想繼續。那就意味著你不得不承擔家庭裡的主要責任，也就是說，你還會一直受累。家庭的責任就是這樣，它總是欺負「好人」。兩個人共同承擔，只要有一方不想負責了，而另一方放不下，那責任就全落在心軟的那個人身上。

　　這聽起來當然不公平，但如果他不願意改變，你也不願意離開他，結果大概就是這樣。不過，我以前從一本書上看到過類似的家庭，提供給我另一種思考方向，有點古怪，我不確定你有沒有興趣嘗試一下。

　　從現在開始，把你的每一筆收入分成兩半：一半算作家庭的，用來還債或者別的用途，另一半是屬於你自己的，你想怎麼花就怎麼花。如果找不到花錢的地方，也可以先存起來。萬一將來你打算開始新的生活，這筆錢也能派上用場。但只能給你一個人用，絕不能變相補貼家裡。

這也許會讓你們還債的速度慢一些，但沒辦法。因為你只有一半的身分是妻子，另一半則是你自己。你賺的錢，最多只能拿一半去盡家庭責任。這會讓你平衡一些，因為你的辛苦付出，總算有一部分是為自己。

　　但另一方面，這樣做會挑戰你作為一個「好人」的人設，所以我不確定你有沒有顧慮。你也可以定一個自己舒服的比例，不必非得一半一半。

　　你先思考一下，一周後回饋考慮的結果給我。

 ## 回饋

　　謝謝李老師，沒想到能收到回覆。您的回覆我認真想了好幾遍，內心是震撼的。原來以前我從來沒有想過自己，總是想著怎麼把家裡的債務還清，想著怎樣讓家裡過好日子，努力再努力，也非常吃力。完全沒有思考過，原來我是這樣的。

　　您的建議特別點醒我，我想試試。從現在開始，會把錢分成兩部分，為我自己存一筆錢，我會試一段時間。半年後再給您回饋。再次感謝您的幫助！從泥淖裡拉了我一把。

近一年後的第二份回饋

李老師好，離上次寫信已經快一年了。自從接受您的建議後，家庭慢慢在往好的方向改變。

自從把家裡的債務進行劃分後，我老公找到了新工作，也努力做出了一些成績。我拚命賺錢，還了劃給我的那部分欠債，也幫老公還了一點點，剩下的就不幫忙了，我要存起來。

今年我的計畫是買一輛車，可以更方便跑客戶。多下來的則會投入長期理財。老公的那部分債務，我建議他換利息更低的貸款，但還是要自己還。

改變的過程雖然痛苦，但是我心情好多了。縱使偶爾因為觀念不和而受挫心煩，但是只要回過頭來看看您給我的建議，就能很快從情緒裡掙脫出來。感謝您對我的幫助，讓我知道除了家庭的角色之外，我還是我自己。

07

結論是還沒有結論

問

　　和老公戀愛多年後結婚生子。他性格內向，但內心豐富、敏感又缺乏安全感。前段時間發現他出軌後，我提出離婚，他不願意。後來我一直在看心理學的文章，也聽了一些課程，對之前的溝通方式有很多反思。我想挽救這段婚姻。

　　他始終堅持他要這個家，但他沒有讓我感覺到他了解問題的嚴重性：沒有道歉，解決方案還是我提的。他在做一些改變，但目前還沒完全和對方斷絕聯繫，也沒有讓我覺得很努力在彌補過錯。

　　而我呢，一直在反省，積極和他溝通，分析相處中存在的問題、事情發生的原因和未來的打算，也探討雙方原生家庭的影響等。但他幾乎不太回應這些溝通，兩人之間也沒有開展其他新的話題。

我看了各家心理學的說法，但反而不知道該怎麼做。有的說，你一直對他好，單方面付出，就是在給他壓力，也是一種自戀；有的說，要尊重對方的選擇，要信任對方，不要逼他；還有的說，要學會表達情緒和不滿，過好自己的生活比較重要，為什麼非要理解他？朋友則覺得我一直在退讓，很卑微，建議我不要對他心存希望。各種各樣的意見讓我很矛盾。

　　我靜下心想了想，仍然不認為他是個壞人。我希望他能真心真意回歸家庭，同時移除溝通障礙（所以我才積極溝通）。但即使如此，他還是不願意敞開內心，那我該怎麼辦呢？他為什麼選擇逃避呢？

　　其實你們一直在溝通，他在用自己的行動告訴你，他是怎麼想的。他的想法是：他不打算離婚，但也沒想好要不要為這段婚姻投入更多。

　　也就是說，他還沒有確定的結論。

　　另一方面，你也沒有確定的結論。你並不是非要這段婚姻不可，也需要他給一個態度。你不想逼他留下，但也不想主動離開。兩個人都沒有結論，所以你感到矛盾。假如對方態度堅定，無論想挽留婚姻也好，想要離開你也罷，你都可以有辦法。偏偏他表現出這副既想要又不想投入太多的樣子，你就拿不定

主意了。

但沒有結論本身也可以是一個結論，即你暫時不打算離婚，同時也不知道能不能長遠地走下去。想清楚這一點也是有用的。

沒有結論的另一個含義就是，你承認現在還不能做決定，那就可以把做決定的日子放到將來，我建議你暫定一個明確的期限，比如一年。這樣你就能給老公兩項確定的結論：

一年之內，我不打算離婚。

一年之後，我們看看這一年相處的情況，再商量要不要繼續這段婚姻。

確定這兩項也是有意義的。請你一周後告訴我，這些結論帶給你們夫妻什麼變化。

回饋

李老師，非常驚喜能這麼快收到回覆。你的解析讓我豁然開朗。

當我不執念於「缺乏溝通」後，我發現日常生活中，我們的溝通和一般家庭差不多，我實際在意的，是「沒有溝通出軌這件事」。而且，之前我可能在態度上表達了傷心憤怒，但行為上沒有冷落或者報復他，或許讓他覺得事情沒有很嚴重。另

外，我也意識到自己溝通中存在的問題，如應該把個人的需求變成共同的需求，不應該把自己變成對方的老師等等。

在收到你的建議後，結合之前這些反省，我和他再次溝通，明確了自己的底線，表達出個人的失望和期望，以及一年後再來考慮要不要繼續的想法。一如往常，他沒有做出什麼反應。他對出軌這件事仍然是避而不談。但不知道是不是心理作用，我感覺他的表現比起之前還是有進步的。

李老師建議的一年期限，既能給他一些壓力，更重要的是也緩解我的壓力，讓我不用糾結於現在的做法對不對，不用沉溺在委屈的情緒中，而是有了調整的時間，也知道自己依舊可以選擇。人在困惑時，很需要有人幫忙撥開迷霧，所以真的很感謝李老師的建議。

一周內可能很難有大的變化，但我的心態輕鬆了許多。同時我對自己說，接下來一年不僅僅是關注他的表現，也需要自我調整。

我很喜歡李老師的理念，就是什麼都是可以的，什麼也都不是非得去做的。面對他的偷吃，我的處理方式也讓朋友不解，也經常自我懷疑。李老師的文章常常能安慰到這樣的我，讓我覺得被理解與認同。無論如何，我不會有遺憾。

複盤

　　我認為婚姻提供「適度的確定性」——它可以確定一部分未來，又並不是完全的確定。在不在一起？這不是一錘子買賣，無論起初說得多麼堅決，時過境遷都有可能反悔。誰也不能真的保證「永遠」。一旦變成永久的承諾，約束的意義就大過舒適和各取所需。

　　人需要確定性，但人生整體又是不確定的。解決這個矛盾的辦法，就是把大的不確定轉化成相對短期的、階段性的確定。人事合約常常是三年一簽，這三年的任期內相對就會安心，專注於當下的事務。我感覺類似的時間量尺，也可以放在婚姻契約裡。階段性地給結論，在一年或幾年內不考慮變動，但不見得永遠不變。這或許也會激發出婚姻中更多的活力。就好像在工作中，幾年一簽的合約比起終身不變的鐵飯碗，工作的表現往往更好。

08

家有育兒豬隊友

李老師您好，我們家有典型的「育兒豬隊友」。老公是軍人，對孩子的態度非常兩極化。工作忙起來不聞不問，休假時也是跑出去找朋友玩，偶然興起就管一下孩子，脾氣又大，全家都拿他沒辦法，但有趣的是，孩子不聽他的。

孩子是男生，從小由我和外公外婆帶大，個性很黏人，和他爸完全兩個樣。老公覺得是被我寵壞的，但他平時也不管，都是我在帶，他又覺得我沒盡到責任。疫情期間孩子在家利用網路上課，我忙前忙後，有次老師說孩子有一項作業沒交，老公也沒搞清楚原因就把他臭罵了一頓。我覺得罵得有點過，但也不敢說什麼。雖然孩子沒交作業是不對，但被罵成那樣也是有點委屈。

孩子對爸爸意見很多，經常頂嘴。父子關係一直不融洽。

老公覺得我平時灌輸給孩子一些不正確的觀念，但我沒有。請問我該怎麼辦？

你應該從他們父子倆的關係中抽身出來。

你們三個人有三組關係：母子關係、父子關係、夫妻關係。請你儘量把三組關係分開。我的印象是，爸爸跟孩子的關係裡，帶著一些對你的情緒。你跟孩子的關係裡，會不會也帶著你對老公的情緒呢（氣他平時不幫你）？不知道。如果有，這些情緒最好直接向老公表達，和孩子無關。

父子倆的關係，你也要跟自己分開。只要不升級到暴力，你都不用管。如果兒子受不了爸爸找你，你請他直接找爸爸。如果爸爸搞不定兒子找你，你請他直接找兒子。他們父子倆勢均力敵，吵架也是父與子的親密表現。

你呢？就好好享受屬於你的閒暇。

這樣堅持一段時間，看看效果怎麼樣。

 第一份回饋

謝謝李老師的建議。看完之後，我不知道有沒有誤解您的

意思，您是建議我平時少插手孩子的事，即使老公跟孩子吵架，也只要在一旁觀看，是嗎？我不知道怎麼落實到行動上。可能我沒說清楚，老公平時管孩子的次數不多，大部分的時間都是我在帶。老公在家的時候也不是每次都吵架，如果他們不爭執，我該怎麼給出回饋呢？

🍂 幾天後的第二份回饋

　　李老師，謝謝您！

　　昨天我意識到，這幾天一直在「等待」老公跟孩子發生爭吵，反而發現他們有很多良好的互動。老公陪孩子在外面打羽毛球，幫他買速食、可樂，吃完了才回家，還不讓我知道（平時我不給孩子吃這些垃圾食品）。他倆還發明了一些類似黑話的語言。看到他們父子的小祕密，我才了解他們的關係沒有我想的那麼糟。這讓我很驚訝，也有點慚愧，這些好的因素被我忽略了。

　　有時候我會下意識地誇大一些訊息。像是老公不顧家，休假就找朋友玩，這只是一部分而已，另一部分我必須承認他還是有責任心，每天再怎麼晚回到家，也要看一遍孩子的作業。如果發現孩子行為有問題，他也很用心先改正自己以身作則。雖然脾氣大，但沒有李老師擔心的打人狀況。

　　我覺得李老師有一點說得很對，我可能對這段婚姻關係有

所不滿。氣他平時不幫我，也氣他花在孩子身上的時間比花在我身上多。在我眼中，或許是這些不滿放大了他的缺點，也總是在借題發揮。

新的問題又來了：意識到這些是我的不滿，又該怎麼辦呢？

複盤

新的問題來了：意識到「我」對婚姻懷有不滿，又該怎麼辦？答案是：開誠布公地和另一半聊一聊。這是最好解決的問題，也可能是最難解決的問題。不管能不能解決，至少，這份不滿需要被兩個人看到。

09

婚姻中的經濟獨立

 問

我的問題是關於經濟獨立。

兩年前我開始自己創業，收入縮水了很多，只有之前的20％。在支出方面我拚命節省，但還是入不敷出。

創業的項目是自己的本行，也是非常喜歡的領域，也為了長遠的打算。

老公比較支持我的決定，不但承擔所有的生活費用，還包括我女兒的（女兒是我和前夫所生）。我的所有開支，都可以用老公的信用卡支付。他雖然支持，但有時候也會開玩笑提到我工作他賺錢的概念（因為我幾乎賺不到什麼錢，而他確實收入不錯），或者直接表達羨慕我的家庭主婦生活（女兒大了，家裡有全職保母，我每天工作六小時，其他時間就是做運動、看書、學習、打坐……連我自己都不敢相信能擁有這樣的生活）。

我心中糾結點有三：

　　（1）過去十多年我都是經濟獨立，現在卻有點寄人籬下的感覺。即使有我老公的信用卡，還是儘量花自己賺的錢。每到提醒他女兒要交學費的時候，都會覺得特別不好意思，內心非常愧疚。

　　（2）自我的價值感和成就感低。

　　（3）想為女兒樹立一個好榜樣，獨立自主。

　　所以我想問李老師的是：

　　（1）是否先解決自己的溫飽問題，再為將來、為理想考慮？

　　（2）要如何調整自己的心態？

　　（3）如何知道我要繼續創業，還是重返職場？

　　抱歉，你這幾個疑問，我都提供不了答案。一來不完全是心理學的問題，二來我也懷疑它們是否真的應該有答案。我說說我的想法。

　　按照傳統婚姻觀念，家庭就是財產的最小單位，無所謂「誰」的錢，丈夫、妻子的收入都歸屬家庭，支出也是家庭的支出。以這種觀點檢視，你現在的煩惱純屬凡爾賽：家庭的收

支狀況良好，兩個人分工明確，金錢使用方面不存在糾紛，更不用說你還能做自己想做的事。這樣看，有什麼好煩惱呢？（編註：凡爾賽文學指的是一種「不明顯的自誇」、「低調的炫富」技巧。）

但是你提到了經濟獨立，代表你不完全認同傳統觀念。也就是說，你把婚後的兩個人，在經濟義務上仍然看作獨立的個體。如果要這麼想，作為獨立個體的你，生活正依賴於不「屬於」自己的財富，就是有風險的。

當然，沒有哪一種觀念就一定是對的。不同家庭有不同理解。我有一個建議是，請你們開一個家庭的公共帳戶，你和老公各自賺的錢，都拿一定比例放到這個帳戶裡，比例可以由你們自己決定，從0％到100％都行。這樣以後你就有三張卡（假設裡面都有錢），每花一筆錢都要判斷：這是家庭帳戶裡的，還是自己的，還是老公的信用卡？

再次強調，比例從0％到100％都可以。其高低取決於你和老公對婚姻的共識。假使無法決定，也可以試行一個比例，再調整。

請你們這周討論一下，看看如何施行這個家庭帳戶的方案，一周後給我一個回饋。

最後，我相當佩服你的是，你的糾結在很多人看來都沒必要。明明只要換一種觀念就能心安理得，但你選擇保持糾結。我猜你也在用這樣一種態度，把你的婚姻觀傳遞給下一代，那就是：哪怕是自尋煩惱也好，也不要在婚姻中失去獨立的自我

意識。這就是你煩惱的意義。無論你的疑問能否解決，請務必繼續糾結下去。

 ## 回饋

　　李老師您好，收到您的回覆非常激動開心。上周日晚上看到更新，特別是建立三個銀行帳戶（假設裡面都有錢），每花一筆錢，都要想一想該從哪個帳戶支出，我就一個人在床上笑了好久。這段話如實反映了我每次花錢，都在思考從哪張卡裡扣款的狀態（現在只有兩張，一張老公的，一張自己的），同時又覺得太搞笑了：過個日子，要這麼麻煩嗎？因為我們家都是共用財產，所以花哪張卡的錢，都是從同個金庫裡支出。

　　看了李老師的解答，我冒出一個念頭，那就是「爭取經濟獨立」與「不為經濟未獨立的狀態糾結」共存。也就是希望自己接受這個狀態，經濟獨立很好，但沒必要在家庭經濟穩定和老公全力支援的狀態下，繼續糾結。

　　上周我和閨密聊到這個問題，即為什麼我會有那麼強烈的經濟獨立意識？想來是我十多歲的時候看到一句話，一直影響我到現在：「經濟的獨立才是真正的獨立。」現在近四十歲，回頭看這句話，它還成立嗎？

　　什麼才是真正的獨立？我感覺層面很多：包括身體上、精神上、財務上。而我現在來看，精神獨立比財務獨立更重要。

其次，什麼是經濟獨立？只要我賺的錢夠花，那就已經經濟獨立了，如果賺不到什麼錢，大不了到廟裡勞動修行換住宿，也算經濟獨立吧。所以關鍵是要如何生活。再者，即使我現在收入支出不平衡，但只要我願意，我就可以做到獨立，只是我沒有那麼選擇而已。所以我有經濟獨立的能力，再怎麼樣，總是餓不死的。

一句話，在經濟獨立問題上，我過分焦慮了。

我還想到另一件事。在和老公交往時，我一直沒有問過他的經濟狀況，直到結婚前兩個月才知道。因為當時在找男朋友的時候，我很明確一點，就是我生活自足，只要將來的老公，能維持和我一樣的生活水準就成。因為沒有經濟上對另一個人的期待，所以基本上可以檢測我是「愛」一個人，還是「需要」一個人，才會和他結婚。

婚後五年，我想這個觀念是不是也需要與時俱進？是否可以在「愛」一個人的同時，「需要」這個人，而不用非此即彼？我想是可以的，或許能提高自己對於依賴他人的接受度，這不也是「愛」的一個方式嗎？

之前看李老師講系統理論，我的理解是，自己已經從原來的系統（自給自足），躍升到新的系統了（創業，需要家人支援）。進入新的階段，之前的穩定被打破，而我尚未完全適應，所以糾結。這方面我可能需要多多調整心態。我想我需要在新的系統中找到平衡，或許是怎樣達到家庭支出的新比例，或許是如何在家庭中找到新的定位和價值。

李老師請我討論家庭財務的問題，我稍微做了些微變動。我問先生的是，如果我的創業之路還在顛簸，對家庭財務沒有特別的貢獻，我們該如何調整？最後得出的答案是，因為我手頭有一個項目，明年下半年或許是轉捩點，所以在這之前先繼續，如果項目不是那麼成功，我就會考慮重返職場——亦即在這個時間點之前，我還是照樣接受經濟援助。

非常感謝李老師的建議，以及留言區很多朋友的意見。做決定很重要，同時意識到自己的狀態和緣由，接受現在的狀態，也相當重要。

寫這篇回覆的空檔，去陽台放個風，發現有一個我沒有處理掉的蟲蛹，已經變成蝴蝶破繭而出了。這隻蝴蝶現在還飛不起來，但它非常漂亮，突然自己也有種破繭而出的感覺。非常感恩。謝謝李老師的回答！

複盤

從這個問答出發，我想說說婚姻中的「經濟獨立」。

這兩年經濟獨立屢屢被提出，代表著一種觀念的進步。它幫助在婚姻中受束縛的一方（通常是女性），爭取到更大的自主性和更多的選擇權。但是，把經濟獨立當作一種規訓，甚至是完美婚姻的唯一模型時，也可能是另一重束縛。

在我的諮商經驗中，很多全職主婦就深受其苦。身邊的人

都在煞有介事地主張，「女人必須在婚姻中保持經濟獨立（才能人格獨立）」時，這個聲音就可能被曲解為：你不去賺錢，或者賺的錢不夠多，在婚姻中理所當然就享受不到平等。言外之意是：收入的對等，才是兩性在婚姻中地位平等的必要條件。

這顯然不是「經濟獨立」的本來訴求。

要當心它成為一種輿論的潮流，讓經濟獨立化身為一種變相的約束，而非賦權（empowerment）。婚姻作為一種契約，自然就規定了兩個人的利益和風險共擔。所以，對那些犧牲個人職涯發展，全力照顧家庭的人，甚至像這位個案仍在職場奮鬥，只是臨時需要經濟援助的人，要讓他們知道：無論個體收入如何，都享有獨立的權利。這比單純的財務分配更重要：獨立和賺錢的多寡無關，它是天經地義的。

改變的工具箱

● 溝通的勇氣 ●

坦白向對方說出自己的所思所感，需要對方如何配合，這在任何關係裡，都是解決問題最有效的手段，當然也包括親密關係。但我們卻時常看到，更多人喜歡用「猜」的方式：我愛吃魚頭，猜你也愛吃，所以我專門吃魚肉，把魚頭留給你。這也許是一份體貼的心意，但很多時候，誤解也由此產生。為什麼不開口向對方確認一下呢？

好的溝通有一些技巧，如站在對方的立場，避免指責，用積極的、建設性的語言等。市面上已經有很多相關的書籍和課程，但是對大多數人而言，最重要的始終不是溝通的技巧，而是開口的勇氣。

● 新的溝通形式 ●

反覆溝通卻解決不了的問題，可能跟溝通形式有關。一說

溝通，很多人都會關心溝通內容——講什麼。事實上比起內容，對關係影響更大的是溝通形式——怎麼講。包括語氣、措辭、表情神態，不經意間流露出對關係的地位判斷……你肯定有過這種經驗，對方嘴上說「我不是說你不好」，但你聽起來就是感覺自己被指責了。所以經常是一方醞釀好一大段發言，剛一開口說了幾個字，另一方已經聽不下去了：「怎麼又是這一套！」

這種情況下，要產生新的火花就很困難。再好的話，對方都還是按習慣的形式理解。就像在【01 和伴侶一溝通就吵架】中的個案，她對男朋友提出的要求無論是否合理，都可能被理解為一種冒犯。要想有效溝通，就不能只是改變說話的內容，還要換一種溝通的形式。例如，本來用嘴說的，改成寫紙條。

我給過很多伴侶這類建議，請他們不僅要想出新的溝通內容，還要設計新的溝通形式。有些話說出來是一回事，但送個小禮物，把要說的話寫在卡片上，就是完全不同的感覺了。小小的變化，常常會讓對方愣住。而對於那些陷入固定模式的關係，這一愣，就是變化的開始。

• 離開互補位置 •

家庭治療有一種觀點，認為有些特點看似是屬於某一個人的，實際上卻是多個人一起「幫助」他維持這樣的特點。典型的例子就是「懶」，一個人的懶需要透過其他人的勤快來維持。

我自己不工作，堅持不了多久；但如果有人養我，我就能一直不工作。假使一個人做的事，剛好補足我的缺陷，允許我把某種特點保持下去，這種關係就叫「互補」。無論他是否承認，他都是讓我得以繼續我行我素的條件。這也就是俗話說的「一個巴掌拍不響」。

強勢的一方和順從的一方；不可靠的一方和負責任的一方；犯錯的一方和反覆原諒的一方……都是這樣的互補關係。一方停下來，另一方就孤掌難鳴。

不過，這一點常常是我們的認知盲點。我們習慣把問題歸咎於「某個人」，於是處在互補位置的人，就會被看成「受害者」，所做的事，就變成「善意的」、「無奈的」、「不得不」，甚至有時候是為了改變對方（因為他越來越喪氣，我才不斷鼓勵他的）。

如此一來，就很難讓後者從自身的角度覺察：要改變前者的行為，需要先停止自己的反應，離開互補位置。乍聽之下，像是把「受害者」、「好心人」當成共犯，也讓人委屈：「明明是他的錯，為什麼要我改變自己？難道是我做錯了？」當然，這不是我建議的本意。

但確實，親密關係之間存在這樣奇妙的互動，無所謂誰對誰錯，誰在幫誰或者誰在傷害誰，但兩個人的行為總在互相影響。你改變了自己（並不見得是你以前做錯了），就改變了你們的關係。關係變了，對方的行為也就變了。

• 家庭生命周期 •

根據系統理論，家庭系統要經歷六到七個不同的發展階段，每個階段都有各自的任務和規則。例如兩個人在二人世界的時候，關係非常甜蜜，等他們開始考慮結婚生子時，就有了衝突，直到建立起一套適應育兒階段的關係模式。變化是不可避免的（即便不要孩子，到了某個年齡，也會經歷另外的挑戰）。無論願不願意，親密關係每隔幾年就會有一次蛻變與重生。

在變化的過程中，人們常常困惑於「誰有錯」（否則，為什麼以前行得通，現在行不通）。但是很可能沒人犯錯，只是到了新的階段。就像家庭治療（Family therapy）大師<u>薩爾瓦多·米紐慶</u>常說的：「你們是非常出色的、三歲孩子的父母，只是現在要學習做十三歲孩子的父母。」

原來的養育方式沒有錯，只是適用於兒童期的孩子，同樣的方式搬到青春期就是一場噩夢。那就改變吧，迎接新的挑戰。理解這一點，對於關係的變化就不再有抱怨。

兩個人對這件事達成共識，會更容易地適應這種生命周期的轉換。

• 去除三角化 •

在家庭中，兩個人的關係有問題，當事人又不願直接面對時，就有可能將第三個人捲進來，達成一種三角的穩定狀態。

最常見的例子，就是孩子成為父母爭執的出氣筒。夫妻有齟齬，卻各自向孩子抱怨：「發現沒有？都是你媽／你爸的問題最大。」把孩子拖下水，兩個人的情緒就有所釋放，好像平衡一點了，但問題還在。不找「當事人」解決問題，問題就永遠在。

這種處理問題的方式治標不治本，更不用說還給協力廠商帶來難以名狀的壓力。因此，兩個人的問題，永遠推薦雙方直接解決。

如果發現自己成了被三角化的一方，另外兩個人就他們的問題，向你尋求傾訴、安慰，或是麻煩你幫忙討公道時，要學會說：「這是你們兩個人的事，要學會自己處理。」

另一方面，也要培養出敏感度，能夠識別哪些問題「不是我的問題」。如果發現自己總是捲入別人的紛爭，就要想想：有沒有可能我也在利用別人之事，解決自己在關係中難以面對的問題？

在【08 家有育兒豬隊友】中就有這樣一個例子：媽媽不認同爸爸的育兒方式，以為自己是在解決父子關係的問題，但隨著覺察的深入，才發現自己正利用這一點，表達對婚姻的不滿。這是她跟丈夫兩個人要解決的問題──得先找到正確的人，才會有解決的希望。

「一切煩惱都源於人際關係」，這是阿德勒的論斷。做好自己已經很難了，更何況還有別人七嘴八舌，若要顧及自己有沒有滿足其他人的期待，就更難。假如世上只需獨善其身，有些困擾就無所謂，按自己舒適的方式生活也未嘗不可。但有了別人的眼光，就行不通。一旦想到自己在別人眼中「有問題」，讓所愛的人失望，就會深陷痛苦。所有人都說我有問題，哪怕沒問題，那也是一個問題。

但是按照這種說法，「別人」就成了徹頭徹尾的反派角色，彷彿他們就是綁架我的枷鎖，是我通向幸福的最大阻礙。果真如此嗎？難道你不曾聽過你在意的人澄清，他們對你的期望，並不如你想像中的苛刻？

在關係裡習慣的角色，不會只因為某個人的某句話就解脫。人際關係是一個你中有我、我中有你的圈套，你與對方都身不由己。誰又能在每一個圈套裡，劃分有多少是為了自己、多少是為了照顧（我們想像中的）他人？人際關係只是一個煩惱的藉口，但我們需要這個藉口。哪怕我們知道，自己對別人來說也許沒那麼重要。

我們努力從別人的
眼睛裡照見自己。

CHAPTER 05

人際關係是
煩惱的源頭

01

所有人都討厭我

您好，李老師，想諮商一下關於體重的問題。

我是一個女孩，以前只有五十公斤，但一直不停地吃吃吃，現在已經快七十公斤了，真的很胖。每當我不開心的時候、孤獨的時候、焦慮的時候，都會吃東西來解決問題。每次吃飯都要吃到十二分飽。

現在看到自己的身材，非常厭惡，感覺特別醜，醜到所有人都討厭我。也不敢照鏡子，覺得鏡子裡的自己糟糕至極，連體重也無法控制。更不好意思去認識新的異性朋友，感覺他們是不會喜歡胖女孩的，都是肥肉，一點魅力也沒有。

但我總是忍不住要暴飲暴食，每次負面情緒來臨的時候，都覺得除了吃，沒有任何辦法和力量來對抗。負面情緒就像腐蝕性溶液，會溶解我的身體，唯有吃飽了，才能承受這樣的壓力。

肥胖也帶給我健康方面的問題。我十分渴望成為一個精力旺盛的人，充滿活力，可以去跑步、健身，有健美的形體。但是看著自己現在萎靡、油膩的模樣，特別痛苦。每當想鍛鍊的時候，又覺得自己沒有能量，便又開始痛恨這個肉體，為什麼不能變得朝氣蓬勃？為什麼我有一個這樣病懨懨、毫無生機、懶惰的軀殼呢？看到昔日的朋友身材都還是那麼好，便越發自卑，越發恨自己的無能。這樣一想，更不開心了，於是繼續大吃大喝。

　　對於食物我也不挑剔，只是想盡快填滿自己的肚子，每當吃個不停的時候，都會用力快速地咀嚼，彷彿餓狼撲食一般。很享受大快朵頤以及飽腹的狀態，卻也討厭自己這副吃相。我要怎麼辦才好？

　　我理解你陷入了惡性循環中：你不喜歡自己，導致了負面情緒，必須用暴食的方式對抗；反過來，暴食又會加重你對自己的不喜歡。

　　我有一個建議，我曾幫助過一些和你相似的人。這個建議有點古怪，你可能不一定想試，這很正常。但無論如何，我希望你一周後給我一個回饋。如果你最終沒有嘗試，告訴我一聲就好。

我的建議是：主動策劃一次暴食。

在未來這周，選出一個你喜歡的、容易有好心情的日子，比如周五，把它策劃成「幸福吃東西的一天」。在這一天裡，你吃東西不是因為情緒失控，而是當成一種享受，對自己的犒勞。你可以精心策劃在哪裡吃、幾點吃、吃什麼，把想吃的食物事先準備好。到了時間，按照計畫把準備好的食物全都吃下去，吃到十二分飽。

除了這一天之外，其他幾天按你平時的習慣度過就可以。也就是說，不用強迫自己做什麼，感覺有能量的時候就去鍛鍊，感覺不好就多吃東西，不需要刻意有什麼變化。

我們對比一下，這樣的一周跟以前相比，會不會有什麼不同。

我知道這有點怪，似乎是在鼓勵你的暴食。前面說了，如果你不想嘗試，我完全能理解。

 ## 回饋

您好，李老師。

這周一直在策劃暴食活動，可惜沒有成功。我一直在思考，到底想吃什麼，喜歡吃什麼？考慮了好長時間，也沒想到自己要吃什麼。

本周過得還是挺緊張忙碌的，沒有輕鬆的時間，我準備選

個休息的日子好好策劃一番。

雖然暴食活動沒有策劃成功，但是本周心情比之前輕鬆一些，每次吃飯的時候，會不經意地問自己：我是因為心情不佳而飲食，還是因為肚子餓了？或者是想好好享受食物的美味？這樣一思量，好像打破了自己大腦中的暴食循環。

可能我不只是因為心情差而暴食，我找到了其他的切入點來看待吃飯這件事，大腦中慢慢出現了不同的聲音。有時候忍不住在想：可能是食物太美味了，是它們在誘惑我，不是我太能吃，不能怪我……本周吃得依然多，但是對於暴食這回事，精神和心理壓力減輕了很多。之前一直為暴食在不斷責怪自己，現在反而有了一些體諒。

兩周後的第二份回饋

本周的暴食行動策劃成功。

和朋友一起點了好多東西，吃了十二分飽。大家在一起很開心，一邊聊天一邊吃飯，享受了一頓非常美妙的晚餐。

這周我吃的好像變少了一些，同時也吃得出一些食物本身的美味。暴食這件事情，逐步變成不是那麼重要的問題，不再因為胖而責怪自己吃得太多。

感覺自己在慢慢放下暴食這件事。逛街時遇到一個微胖的小姊姊，打扮得很漂亮。想著自己雖然胖，也是可以美麗起來

的。希望和我有同樣問題的夥伴們，不會因暴食而給自己帶來太大的精神壓力。

◖ 複盤

又是一個和進食相關的困擾。吃東西雖然是一個人的事，但是促使這位個案暴食的原因，卻是想像他人的目光來審視自己，由此產生自我厭惡，不得已只能用食物來化解。所以這是一個和人際關係有關的問題。

改變很成功。表面上看，成功的關鍵在於這次「快樂暴食」的儀式。但透過第一次回饋可以看到，在儀式之前，哪怕只是在大腦中策劃，改變已經在不知不覺間發生了。個案「考慮了好長時間，也沒想到自己要吃什麼」，這是她從前沒有想過的。

進食對她而言，一直只是基於負面的理由──提醒自己（想像中的）在別人眼中是多麼糟糕。這引發了惡性循環：越吃越感覺糟糕，越感覺糟糕越要吃。她是在為別人吃東西。一旦她開始策劃自己愛吃什麼，吃東西這件事就有了正面的價值。即使行為本身沒有改變，但它的意義可以只是自己愛吃。當她能為自己吃東西的時候，她就輕鬆了。

祝大家都能不時擁有這份輕鬆。

02

我為何如此虛榮？

　　李老師您好！這是一個困擾我許久的問題：我特別在意別人的評價，特別想獲得別人的讚賞，而又特別想要自己不去在意。最明顯的例子是發朋友圈。每次發個動態，不管是分享音樂，還是 po 點矯情的文字，內心總是渴望得到很多讚。但同時我又非常鄙視自己這種想法，覺得實在太虛榮、虛偽。

　　矛盾的心理成就了扭曲的我。一段時間特別緘默，不願發朋友圈，一段時間非常活躍，天天發一兩條。有時候發完動態，就強迫自己不去看手機，卻又要忍不住去偷看。我曾經覺得這麼希望得到讚是因為自卑、沒有自我，但現在我覺得自己已經自信了許多，這一點上卻始終沒有改善。

　　在日常生活中，我獨來獨往，有些叛逆，試圖彰顯自己的獨立。但在發朋友圈這件事上，我看到自己有多麼渴望得到別

人的讚賞，這種討好行為讓我厭惡。我希望自己能做到絲毫不在意他人的評價與看法，活得自由自在。

你好！有些人就是比其他人更在意別人的看法，這是他們前進的動力。你大可以順應自己這個特點，把自己變得更受歡迎。重點是，把你的「在意」落到具體行動上，做對別人有用的事，而不糾結於好或壞的評價。

我的建議很簡單：接下來一周，堅持每天為別人做一件小事。不用花費很多時間，以不超過一小時為限。可以是很小的事，哪怕陪人閒聊打屁也行。但是，這件事必須要能幫上某個人的忙。

可以發一則訊息，徵集朋友們有哪些事需要幫忙。做完這件事，你就可以心安理得地享受他們的讚賞。堅持七天。一個星期後，告訴我你有什麼感想？感覺不錯的話，持續做下去也無妨。

 回饋

李老師您好！

很抱歉這麼晚才回覆，一部分原因可能在於沒有堅持做下去，不太好意思回饋。不過這樣也好，一個多月的時間，經歷了其他事情，也在做心理諮商，所以綜合起來收穫了更多感悟。以下是正式回饋。

記得剛看到您的建議時，我的第一個反應是：「什麼？做一個受歡迎的人？就我？我這麼一個孤僻、內向、獨來獨往的人，能成為一個受歡迎的人？」腦海中瞬間是一百個不可能。但突然想到您在課程裡講的：想法只是想法，不是事實。這些「不可能」只是快速的自動化思維。所以，我冷靜思考了一下，或許可以，就來試試吧。

雖說要試試，但我終究沒發朋友圈問誰需要幫忙，因為還是擔心別人會覺得自己莫名其妙。也不好意思去問學校同學，總感覺哪裡怪怪的。不過好在備考的關係，認識了幾個聊得來的研友，所以就拿她們當小白鼠。接下來三、四天，我都去幫她們的忙——聊天、唱歌、填問卷、解答問題。

嗯，實話實說，享受幫助別人後獲得的感謝與誇獎，確實很舒服、很開心。但我最終還是沒能堅持做下去，因為……不是懶，而是與周遭形成固定的互動方式較難持續吧。畢竟我是一個別人在朋友圈發問卷，也幾乎不會幫忙的人。

之後一段時間讀到了森田療法（Morita therapy），加上做心理諮商，我漸漸意識到，如果僅僅是在意別人的看法，並不足以使我這麼痛苦。真正讓我絕望的是，我非常強烈地排斥、厭惡那部分的自己——我為自己試圖博取關注感到可恥，為我

的虛榮、虛偽感到噁心。我將其視為污垢、惡性腫瘤，只恨不能將其除之而後快。我和它僵持、相爭了數年，卻從沒意識到，這個我討厭的特性，也是我自己的一部分，而我從來沒有好好地擁抱過自己。

接納，是改變的第一步。如果能將其化為己用，那再好不過了。我想這就是李老師建議的真正含義吧。

不過，要我一下子做到那一步，改變與周遭的互動方式，實在不容易。不過沒關係，至少我能夠開始坦誠地擁抱真實的自己了。

在意別人的看法？那就在意吧，又不會讓我少塊肉。誰不希望自己的朋友圈多幾個讚呢？雖然我還是渴望有一天成為無條件自尊型的人，但擺在面前的首要就是接納這個特性。看似矛盾，卻是必經之路。

最後，鄭重感謝李老師的建議！

一年半之後的第二份回饋

李老師您好，聽說「回饋實驗」專欄要出書了，再來分享一下後續情況。

首先，雖然不是很認同「有些人就是比其他人更在意別人的看法」這件事，但還是覺得早期經驗造成了我現在的自戀問題，然重要的是我接納了──管它是特質還是症狀，反正一時

半會兒也改變不了，就先接納吧。結果就是，雖然還是會期待更多人幫我按讚，但至少內心不彆扭了，不會陷入那種既期待又怕受傷害的衝突狀態。

後來我也會有意無意地運用您建議的方法，透過幫助他人來滿足我的自戀，比如給我妹、同學講題，做些小事，有時也會鼓勵他人等等。最奇妙的是，我也私學您用悖論干預的方法，給網友一個反直覺的小建議，幫他從混亂恢復到正常的學習生活狀態。他們的讚美與感謝，基本上讓我的自戀得到相對滿足。不過，可能因為獨來獨往或者其他什麼原因，倒也沒有成為很受歡迎的人。

總覺得還差最後一塊拼圖，可能是完全的自我接納吧。但總之，感謝李老師的建議！

● 複盤

這個建議跨出的步伐很大，提出來多半是做不到的（如果能做到就更好啦）。

雖然做不到，但是「試著做做看」本身，也帶來一點變化。它透過一個具體的行動目標，給了「虛榮」一個相對確定的框架：你渴望獲得讚美嗎？那就去幫助別人吧。如果確實做到了，就不再只是「虛榮」，而是創造實實在在的價值；如果你不這麼做，證明你也沒有那麼「虛榮」。

聽起來像一個繞口令，一個概念遊戲。事實上，這個個案的苦惱就是概念帶來的。很多人都有類似「對號入座」的思維：抓住別人某些時刻片鱗半爪的反應，透過語言，試圖幫自己下一個定義，以獲得在人際中的形象和排位──我會被看成優秀的人還是虛偽的人？我是否值得被愛？他們會看出我是一個特殊的人嗎？……

　　這樣給自己下定義，結論當然是極不可靠的，因為這個過程中使用的概念並不穩定，其本質就是猜測。心情也是忽上忽下，患得患失。

　　最簡單的應對，就是做點實實在在的事。哪怕只是向某個人確認「你是否願意和我交朋友」，也是好的。無論結果如何，最壞不過就是：「沒有人在意我的虛榮或清高，我一點都不特殊，我也只是萬千渴望被按讚的普通人」，那也很好，也讓人釋懷。真正使人難受的，永遠是「不確定」。

03

住在孤獨的城堡裡

問

　　我的困擾是覺得自己一直在回避人際關係，甚至根本在切斷和他人的關係。

　　如果沒什麼特別的理由，我絕對不會出門。每天下班後都趕著回家，如果不是別人約聚餐（很偶爾），絕對不會外食。一方面為了省錢，另一方面是避免和店員交流，也不想把自己置身於人多的地方。我要趕快回到自己的「城堡」。那裡沒有人能看到我，我想做什麼就做什麼（其實並沒有做什麼）。

　　由於我的工作，本來就不怎麼需要和人溝通，所以上班時會全程戴上耳機，這樣其他人也不會主動來找我。於是，我可能一整天說不到一句話。不過，一旦開口就感覺有障礙，好像語言退化了一樣。而且我曾在國外生活，外語說不出來的時候像個傻子，這讓我很介意，我本來的水準並不是這樣。

還有一個從小到大一直沒解決的問題是，我幾乎無法和人打招呼，尤其是半生不熟的人。像小時候在樓梯間看到鄰居，我從來不會說「阿姨好」，而是低頭匆匆走過去。現在在公司遇到別組同事也是如此。我覺得打招呼很麻煩，對方還要回應，有可能彼此都不太認識，何必呢？與其給對方一個懂禮貌的印象，不如乾脆省事比較妥當。

　　雖然我認為沒什麼，但是每次低頭無視別人之後，我都會想：完了，沒禮貌的印象算是坐實了。如果說在這件事情上我希望有什麼改變，那就是期待自己可以對打招呼這件事情不要那麼在乎，愛打不打。

　　目前在家整整休了三天特休。原來想藉這個機會追追劇或綜藝什麼的，但是最近也不愛看了。原本熱愛熬夜的我開始長時間昏睡，因為不知道醒著的時間還能做什麼。我知道外面有很多值得探索的東西，可是我不想走出去，儘管困在自己的城堡裡，也沒有讓我覺得很開心。

　　在城堡裡有一個很大的樂趣，就是觀看外面的人活得有多「不幸」。類似在下大雨的日子站在窗前，看著外頭的行人一路狂奔並且屢屢打滑，這時我們就會說：「幸好我沒出去！」

　　我猜城堡幫你達成了很多類似的幸運。但你未必意識到這

一點。除非你有注意別人的人生，才知道自己占了哪些便宜。所以，待在城堡裡的時候，請你觀察或設想一種城堡以外的生活，並回答：「幸好我沒出去，否則會×××。」

否則就會怎樣？有待你的探索。每天可以探索新的，請堅持七天，然後回饋給我：在這七天當中，你待在城堡裡的時間，整體來說是更多了還是更少了？你待在裡面的心態，是更平靜了還是更不平靜？

 ## 回饋

第一天

幸好我沒出去，否則會非常非常累。

今天是周末，在城堡裡待了二十四小時。但這一天過得和平時不太一樣。

因為年底，請假的同事有點多，前兩天我一個人負責全組的事，壓力有點大，精神不太集中，所以昨天下班之後，我非常罕見地自己去喝酒。最近也睡不好，半夜老是醒來，所以想喝點小酒回家可以倒頭就睡。結果沒喝到位，半夜還是醒了，而且拉肚子。看了手錶，才凌晨五點多。

之後翻來覆去兩個小時睡不著，可能酒還沒退，就覺得人生特別慘。再醒來已經是下午了，頭很疼，拉開窗簾發現天氣不錯，決定收了快遞之後去超市買點東西。最後也沒去，用冰

箱裡僅剩的食材解決了晚餐。

好像沒有更平靜，也沒有更不平靜。不過決定明天出去走走，至少要到超市把元旦期間的糧食備齊。

第二天

幸好我沒出去，否則會讓人看到我有多不堪。

今天平靜地在城堡裡待了二十二個小時。按照昨天的計畫，中途去超市買了新年期間的吃喝所需。出了家門才感受到一些節日的氣氛，可是又覺得這個節日和自己無關，畢竟過節需要家人和朋友。

我有一種不想被人看見的強烈意願，所以戴著口罩和帽子出門，也因為這樣的打扮感到一絲安心。我想了一下，即便在工作上也是如此，雖然完全沒有往上升遷的企圖心，但是為了不被主管批評，減少和所有人說話的機會，我工作非常認真，在某種程度上可以說是追求完美。我會這麼做，其實是希望別人不要看見我，若能不出錯，就可以避免交流和溝通。

主管對我的工作評價頗高，也沒怎麼責難過我，但我真的是連表揚都不想要。真的，主管，饒過我吧，這也不是什麼複雜的工作……

第三天

幸好我沒出去，否則會失去今天的平靜。

今年最後一天，在忙碌但還算有序的工作中結束了。

下班迅速回家，做飯、看晚會，感覺很平靜。雖然獨自一人，但完全不覺得孤單，也收到來自朋友們的訊息。前一晚依然沒睡好，整整一天都略有耳鳴、心悸。因為工作，今天必須走出城堡，但意外地沒有很煎熬。

第四天

幸好我沒出去，否則會很不安全。

還是睡不好，感覺一晚上都沒睡著，或者一直是半夢半醒。為了提起精神工作，上午喝了三杯咖啡。我所有能集中的精力可能都給了工作，而並不是因為熱愛工作，只是討厭被批評。

覺得自己的大腦在萎縮，不想思考也不想學習，就和我的生存圈子一樣，一步步退縮到舒適圈中的舒適圈，我的城堡最多只容得下我自己一個人。我只吃自己小時候吃的東西，聽會唱的歌，不要被人看到。舒不舒適不知道，但是好像比較安心，也覺得比較安全。

第五天

幸好我沒出去，否則會對自己更不滿。

家是我物理意義上的城堡，戴上耳機誰也不理是我心中意義上的城堡。

因為今天要教新人工作，不得不走出城堡比較久的時間。剛好相熟的同事也藉著工作來找我聊天。我倒不討厭聊天，可是最近每次聊完都會對自己的表現不滿意。明明只是閒磕牙而

已，我竟然會回顧聊天內容和自身言談，然後後悔應該這樣表達自己的想法，那句話不該那樣說……

然後我又回想到，我之所以不想走出城堡，導火線就是前段時間參加的一場大型聚會。我既對身處人群中感到不舒服，又對自己的表現萬分不滿意。少說少錯，不說不錯，不用見人，也許就不存在對錯。

第六天

幸好我沒出去，否則就會更累。

今天似乎沒什麼特別的變化。失眠幾乎把我變成行屍走肉，記不得事情，說不清想法。我現在唯一能做的就是工作，我真覺得自己把所有精力都給了它，雖然根本不喜歡。

下班去地鐵站的路上，莫名被問到關於東北米的問題，原來的我可能會很熱衷這種無意義的閒扯，但現在只覺得好累。可是既然被問，我就覺得一定要回答，雖然只是張嘴，但都讓我疲累無比。

深夜半夢半醒，那些我整天在聽的歌，卻在腦海裡反覆播放，挺好聽的，因為熟悉讓我覺得安全。可是我更想把它們趕走，因為渴望好好睡覺……

第七天

幸好我沒出去，否則會……好像也不會怎麼樣。

今天是回饋的最後一天，剛好也是結束一整周工作的一天。

雖然周末沒有任何安排，但可以有兩天賴在床上不起來，讓我感覺到一絲輕鬆。

這一天我向外面跨出了一點點：聽了一些沒那麼熟悉的歌，下班的路上和一個熟悉的同事聊了幾分鐘，沒有感到特別累，沒有在過後過度苛責自己聊天的表現。我覺得可能是身體太累了，不過暫時來看這樣似乎也沒什麼不好，至少我可以生活得輕鬆一點。

雖然短期內，沒有什麼走出城堡擁抱世界的計畫，但是像城堡裡的吸血鬼一樣，想出去時就變成蝙蝠默默觀察他人，這個角度讓我覺得輕鬆又安全。實際上我在一直以來的人際交往中，就是這樣的角色，自認為可以在短時間裡，判斷出誰比較危險、需要遠離，和誰可以進行哪一個程度的交往、聊哪一個領域的話題之類。

為了一些更深刻的關係，年輕時我還會把自己豁出去，但現在不會了。目前的人際交往像是打乒乓球或羽毛球，只想把對方發過來的球打回去，不求品質。哪怕出界，只要不落在我的範圍就好。

總整理

這七天中，我在城堡裡的時間好像沒有特別的變化，因為工作的關係，可能稍微有一些減少。我也感受到，根據「打球」對手的情況，我有的時候會願意多出來一會兒，有時也會迅速調頭跑回城堡。

心情會波動，無論是走出去還是留在城堡裡，都無法讓我完全平靜。即便留在城堡裡，我也無法完全停止對在外表現的回顧，而且會質疑這種退縮。但在決心孤注一擲後，對待兩者的心情，似乎都有了走向平靜的趨勢。

感謝李老師給我這個觀察的機會、這種視角，以及我說不上為什麼，一種好像是對這種行為的允許。我知道我是自由的，不需要別人允許我做什麼，但我好像從這種允許裡感覺到安心。

複盤

我偶爾也嚮往這種把自己掩蔽起來的生活，想想都覺得安心。同時我也知道，那並非是全然的快樂。即便像我這樣喜歡獨處的人，假如一直與世隔絕，日子長了也難免懷疑，我該不會有什麼問題吧？

但是，請先不要把它當成問題，那只是一種生活選擇。對有些人而言，人際關係就是無限壓力，憑什麼不能選擇遠離人群的生活？縱然有它的壞處，但世上又有哪一種生活可以完全無痛？在外面有外面的不適，在家裡有家裡的孤獨。所以我請個案思考待在家的好處，背後的邏輯是：它可以被看成一種理性（好處大於痛苦）的選擇，而不必當成一個問題。選擇本身帶來的困擾，也許並不比「覺得自己有問題」的困擾更大。

在回饋的結尾，個案對於「出去」有了一些鬆動和嘗試。

這不是說他就要擁抱外面的世界，僅僅是表明，當他感覺到可以安全地待在「城堡」裡之後，他也不排斥偶爾試試另一種生活。我們的生活充滿了各種可能，改變並不意味著必須一百八十度地扭轉現在的人生，僅僅需要擴大一點可能性。我們可以繼續守在家裡，同時也可接受不時出來看一眼的可能。

04

學會如何放手

我女兒今年十一歲，五年級，周末作業經常拖拖拉拉。

偶爾會出現這種情況：周日白天說，已經寫完了，然後就在平板上看影片，等到晚上睡覺後或凌晨四、五點，再偷偷爬起來寫（白天她會寫一大部分，剩下一小部分）。

這種情況應該怎麼辦？如何讓她先完成作業，而不是半夜補作業？

您可能會說，這是孩子自己的事情，她有她的節奏，自認為沒問題就 OK。但我會抓狂，因為我覺得應該先完成作業再玩，這樣心裡才會沒負擔。李老師，我該做出什麼改變呢？

其實我想透過自己的改變來改變她，對，是改變，而不是影響。有些太急迫了。我知道自己也有很多問題，一直想按心中的好學生標準來塑造她，如主動學習，多閱讀。但結果適得

其反。她感受到我對她的期待或者說是要求，但並不想順從我。她希望能掌控自己的生活，這是好的一面。但我還是會經常焦慮糾結。期待並感謝您的回覆！

我感覺你對我已經有一些預設了。你設想我的態度偏向於請你放手，你不願意放手，但還是留言向我求助。我猜是因為你心裡有矛盾，想聽一聽這個態度，又不一定願意接受這個態度。

我不會勸你放手。矛盾來自你心裡，問再多的人，聽再多的道理，都沒有用。最終的決定還是由你來做：你決定放手，才放手。

在那之前，你可以繼續像現在這樣，找各式各樣的方法，試圖改變她、塑造她，向她灌輸你的期待、你的焦慮、你的糾結。孩子才十一歲，有些方法或許還有用。你是孩子父母，你有權按照自己的方式養孩子（當然，虐待和冷暴力是不可以的）。

我的建議只有一項，就是給自己定一個「最後期限」。意思是到了這一天，你仍然不能改變她，那就算了，隨她去吧。這是因為我看過很多家庭，父母曠日持久地、徒勞地和孩子糾纏。孩子痛苦，父母的後半生也被耽誤到。總要有一個停損的時刻，父母承認自己對孩子已經有心無力。有的父母是在孩子四十歲時這麼做，也有的是十四歲。

你肯定不需要等到孩子四十歲吧，但是說回「半夜補作業」這件事，你干預一年、兩年，到什麼時候隨她去呢？總要有一個明確的期限。到那天假如孩子還是半夜寫作業，那就算了。不是想開了，只是不要再浪費時間，你還有更多重要的事要做。放手之後怎麼辦呢？那時如果我的「樹洞」還在，麻煩你再寫信問我，前提是你已經下了放手的決心。

　　請你在本周內定下做決定的期限，最好精確到某年某月某日。完成之後，給我一個回饋。

 ## 回饋

　　您好，李老師。

　　收到您的回覆到今天寫回饋的這段時間裡，孩子沒有再出現過半夜寫作業的情況。這期間，我認為她會把自己的作業管理好，再也沒有催促過她。可能這種信任、放鬆，不關注她作業的狀態，讓她感覺不那麼彆扭了。

　　也有一部分原因，是馬上就要期末考了，她自己也想爭取好一點的分數。另外有可能是來自成績的正回饋：最近拿回來兩張獎狀，數學成績進步，英語測驗滿分。自從二年級以後，從未在課業上得過獎狀，所以她也覺得好好學習，會給她帶來一些成就感吧。

　　關於最後期限，我現在覺得不用定了，孩子會有一定的自

我管理能力。以後的生活學習中，仍會遇到讓我焦慮糾結的問題。我知道那不光是她的問題。我要多關注自己，看看自己的恐懼是什麼，需求是什麼。

再次謝謝李老師的回覆。

複盤

還是「決定做決定，才能做決定」的思路——把做決定的主動權交還給她本人。不過，留言區裡一些讀者有疑問：這種養育觀念會不會控制欲太強了？涉及兩個人的關係，為什麼決定權只在媽媽一個人手裡？

答案很簡單，媽媽願意發號施令，這就是媽媽自己的決定。至於是否要接受媽媽的號令，就是孩子的決定了。孩子有她的主見：選擇聽媽媽的話，媽媽投入的期待就有回報；也可以選擇拒絕（就像個案說的，孩子總是有能力按自己的節奏來），媽媽就會持續地被自己的期待困擾。換句話說，只要媽媽繼續保留對孩子的高期望，她就有可能陷入失控。

越想控制一個人，就要承擔越高的失控風險。

運用這樣的思路，我們就把控制欲這件事，從單純的道德評判（媽媽從道義上就不應該這麼強勢），轉變成一筆經濟學的買賣（如果強勢可以達到目的，就保持；如果時過境遷，風險超出了收益，就放手）。這就讓當事人有了選擇的自由，一

來避免外人的判斷錯誤，二來即使真的要改，對當事人也沒有指責的意思。指責並非促成改變的好方法。

　　回到這個例子，孩子順應了媽媽的期待，媽媽就不再考慮「放手」。但我認為這是一個巧妙的回應，既沒讓媽媽失望，又在委婉地提醒她──您的期望值要調整一下了！否則，將來遲早會有落空的時候。

05

「人比人，氣死人」
的心態失衡

李老師您好，我有個困擾，就是聽到朋友或者熟識的人比我優秀，就會心態失衡，感覺很難過、很失落、很沮喪。

像是工作，其實我很努力，也取得了一定的成績，但可能由於行業、公司規模等限制，我會在收入、職涯發展上無法和身邊的同齡人相比。雖然我知道每個人起點不同，不同的行業不太有比較性，但聽到別人的發展都比我好，就會覺得自己明明有下功夫，工作之餘也在學習、考證照、充電，但怎麼就事事不如人，很難達到對方的高度，心裡不禁委屈，感覺前途一片茫然。

有時會安慰自己，人各有所長，無須比較；也會想其實每個人都有自己的煩惱，說不定別人還在羨慕我呢；甚至「卑劣」地想，別人做得比我好，只是因為擁有我缺乏的資源而已。總

之，我試圖把原因歸到別人身上去。但我還是會心態失衡，某些時候想找藉口也找不到，然後就儘量避免接收到這些訊息，但常常避無可避，心情十分低落。

我希望自己在聽到這些消息時，不會特別影響心情。希望李老師可以給我一些建議或啟發，感謝您。

答

沒必要約束自己的心態失衡。因為約束自己是一件費力的事，你已經比他們差了，幹嘛還要花時間學習怎麼約束自己，憑什麼？連失衡都不能痛痛快快嗎？哪有這麼霸道的！

沒事，你就失衡你的。

我知道你擔心這樣下去的結果。所以建議你先試一次，不加約束，看看它最壞的情況是怎麼樣。就當做個實驗——失衡的時候任由情緒發展，看看會持續多長時間？帶來多大危害？最嚴重的時候會扭曲到什麼程度？最後會如何好轉？

這樣堅持觀察一個星期，再給我回饋。

 回饋

收到李老師的回覆，感受很奇妙，好像被包容了，但是又

沒有如想像中那樣被安撫。此刻的心情，只能用「哭笑不得」那個表情來表達。

其實我一開始，不是特別理解李老師說的「不加約束地任之失衡」。可能之前一旦有心態失衡的時候，就會立刻嘗試控制、轉移注意力，或者自己安撫自己，所以對於「不加約束」四個字，我還是摸不著頭腦。

這七天內，的確又有一些大大小小的消息，讓我感覺心態失衡了。一開始我有嘗試不加約束的實驗，仔細去體會情緒在我心裡是怎樣流動的。但堅持不了多久，就不由自主地去控制了。在我努力地「不加控制」下，情緒大概持續了一天半。沒有現實層面上的危害，就是時而會重複想起那些消息，有一點失落，但是因為要工作，所以自然而然打斷了。

中間有聽到一個比較大的消息，我依然嘗試不去控制，將其「憋住」，可能是因為沒有宣洩，感覺情緒一直忍在心裡。持續至聽到消息後的第二天晚上，我默默哭了一場，一邊哭一邊寫「自己覺得委屈」「我也很努力卻差人一截」等等，哭過寫過之後感覺好多了。

再之後想起那些消息，失衡的感覺淡了很多。

我覺得我可能是太強調自己「不應該」心態失衡，「不應該」嫉妒，那樣顯得幼稚可笑，所以才努力控制自己。我可能需要先接納自己有這種不好的念頭。今天我把自己嫉妒的點公開挑明，又寫出我現在正在做的努力，以及我還想要做的事情。寫好之後就很明確了：我正在努力的事情，才是當下最需要做

的，那些讓我失衡的小事，不應當擠占我目前的精力。

複盤

看到最後一句，又是一個「不應當」，忍不住想說：「剛剛才說要接納不好的念頭，怎麼又『不應當』了？」轉念想到：成長原本就是慢慢來，既有領悟，又會保留一些習慣性的不接納。慢也是可以接納的吧！

這麼一想，倒是我多慮啦。

06

如何走出討好模式？

問

　　我是一個女孩子，從小在重男輕女的家庭中長大，習慣自我壓抑，不斷討好周遭。

　　工作時我總是很努力地做到完美，也經常巴結主管和同事，讓他們覺得開心，但總是無法守住自己的界線。主管和同事會對我提出越來越過分的要求，我則替他們承擔越來越多的工作，其中也包括眾人的不良情緒。在這個過程中累積了很多憤怒和怨言，但不能表達出來，也無法拒絕別人。

　　我很怕身旁的人不喜歡我。但無論我如何奉承，最終別人都會討厭我，甚至排擠我，升職加薪都輪不到我。

　　感覺自己無論怎麼努力，別人也不會喜歡我。每次都很失望，還要繼續忍受主管和同事的剝削，期間不斷說服自己，要多加忍耐，但最終再也承受不了那些過分的要求後，就會和他

們大吵一架，接著離職。

　　我換了四份工作，每次都是這樣的模式，感覺陷入了「討好—怨恨—無法承受—憤怒離開」的惡性循環中，很痛苦。

　　我討厭自己去逢迎拍馬，但總會不由自主地這麼做，然後責怪自己，卻依舊無法拒絕別人過分的要求，內心充滿憤怒和無力感。我該怎麼做呢？

　　既然這是你無法自控的模式，估計一時是改不掉了。請你在接下來一個星期內，每天觀察自己的行為，看看自己做的事情中，有幾件是：

　　別人讓你做，你不想，卻身不由己的；
　　別人讓你做，你也想，順勢答應的。

　　把兩個數字分別統計下來。一周之後告訴我，每天這兩個數據會有什麼變化。試試看在你觀察的過程中，會不會對自己有更多一點的了解。

◆ 回饋

剛看到這個建議的時候，我愣了一下。寫這個回饋讓我太痛苦，我根本不想思考這個問題：什麼是別人讓我做、我不得不做的，什麼是別人讓我做、我自己也想做的？——這有什麼區別？我為什麼要區分？難道讓我感覺痛苦的，不都是外人讓我做的嗎？

我很討厭這樣的區分。前幾天幾乎不想寫，但還是勉強寫下了幾條。在這幾天內，我隱約感覺自己好像陷入一種固定的思考模式：讓我痛苦的事情，都是別人強迫我做的，我的痛苦都是由於我在討好別人而引起的。

但事實好像和我想的不那麼一致。

終於鼓起勇氣，忍住痛苦，複盤了一天中我不得不做和自己想做的事情，比例大約是二比一。

連續寫了幾天後，我發現我不想做的事情，都是我認為對自己沒有價值的，比如一些沒有意義的重複工作，以及被迫和我不喜歡的人進行溝通。而我想做的，就是我認為對自己有價值的事情，反而能做得超出別人的預期，同時也給自己帶來很大的收穫。

看來，對於想做和不想做的事，大部分是按照是否對自己有利來區分。再仔細想想，我不想做的事，也不是完全對我沒有益處，只是有些我認為投入和回報不成比例。這麼看，又覺得自己是一個精打細算的利己主義者。

寫的過程中，我發現自己比較關注內心感覺，沒有客觀關注外面的世界，總是會沉浸在以往的感覺當中。另外也發現在工作中，我無法主動完成一些有價值的事情，彷彿別人不要求我做，我就不會去做。其實我完全有條件去做一些自己認為有價值的事情，別人也阻止不了我。如果這樣可行，也許就能平衡一下不滿的心態。

這個回饋很怪異嗎？還需要繼續下去嗎？感覺思維脫離了以前的軌道，還要再持續干預嗎？

幾個月後的第二份回饋

時間過去了幾個月，繼續撰寫回饋，感謝李老師。

上次回饋之後，我在工作中開始有意識地關注自己想做的事，以及自己想要的工作方式和節奏。

為了按照自己的意願做事，我拒絕了主管幫我設定的工作方法，他很憤怒，把我一狀告到老闆那裡。但是老闆不受影響，他對我說，只要達到工作的目標就行。這簡直讓我難以置信。我本以為會受到批評和指責的。

我開始用自己的工作方式投入職場時，中間又和主管起了幾次衝突，但我為了維護自己想做的事，是有自信和他起爭執的。而以前的我幾乎不敢拒絕別人，說「不」的時候，心臟就跳得特別快。

這樣工作了一段時間之後，主管忽然主動與我和好了，不再干預我的事情，只要做好彙報即可，他僅僅在我需要的時候給予支援。我也在工作中慢慢學會提出自己的要求，會根據任務安排向主管要時間、要人手。

我現在越來越能專注於工作本身，不再過分糾結於主管是否開心。雖然仍舊覺得主管和同事不開心是自己的錯，但會考慮更多的是工作本身：是否做得夠好，時間安排是否合理，人員調配是否合適。

回看這段走出討好模式的經歷，就好像從泥淖中爬出來一樣，而做自己認為有價值的事，就是讓我爬出泥淖的那根繩子。雖然未來之路漫長且艱辛，但是感謝李老師的建議，助我走過一段難熬的歷程，繼續向前邁進。

複盤

討好的意思是，別人要我做的事，我就做。

而其反面，不一定是「別人要我做的事，我都拒絕」，反倒是「我想做的事，我就做」。做事主要取決於自己的意願。這當中自然也包含一些別人要我做的事，沒關係，如果正好是我想做的，就做。

但說起擺脫討好的時候，常常誤以為是前者，這導致我們把注意力仍舊放在別人的身上，去關注「哪些事是他強加給我

的」。因為別人的要求便刻意牴觸一件事——這是另外一種把他人放在自己之上。事實上，別人要你做或者不做都不重要，更重要的是你自己怎麼想。這也許就是為什麼當個案開始關心自己的意願之後，她就不知不覺走出了討好。

07

身體症狀與人際關係

松蔚老師，您好！我最近遇到一件比較煩心的事情，就是在學習狀態很好的情況下，發現自己耳鳴。

剛開始我的心態是該做什麼就做什麼，因為還沒有意識到問題的嚴重性，以為過幾天自己就會好。真正讓我崩潰的，是去看了五、六個醫生之後，他們的診斷是一致的：神經性耳鳴，需要靜養和耐心，然後結合其他方法治療。但這不是很容易治好的病（或者稱之為症狀）。

看完醫生，我的焦慮直線飆升，心情反反覆覆，平均每天崩潰一次。我很難理清楚自己為什麼有那麼多憤怒和委屈。幾乎所有醫生都說這個症狀和壓力有關，但我求診之前其實沒感覺到自己有壓力，自認為心態挺好的。

也可能是因為一開始幫我看病的醫生說，只要吃藥就行了，

結果我吃了快一個禮拜的藥，卻沒有任何好轉的跡象。後來又進行系統治療，每天花近四個小時在物理治療和靜脈注射上，已經持續了一周，看不到什麼變化。

我仔細審視自己，發現真正影響我的不是耳鳴本身，而是由此引發的一陣陣煩躁。如同剛剛進入一間安靜的房間，耳邊是清晰的、不間斷的蟬鳴，這種煩躁的情緒裡摻雜著委屈和憤怒。此外，看到手上的點滴針孔，就會糾結於自己每天浪費了上午最精華的四個小時。瞬間，好不容易維持的心態就崩潰了。我努力利用下午的時間學習（效率還行，就是時間太短），但情緒還是如同洪水，衝擊著我的堤壩。

周遭的人都勸我放寬心，別在意耳朵，才會好得快。但這似乎是個循環，我的焦慮本來就因耳鳴而起，反過來可能又強化了它。所以想求助李老師，面對這一陣陣煩躁，有沒有什麼我可以嘗試的解決方法？謝謝！

如果你沒有感覺到壓力，那就不是壓力引起的。這叫「不明原因的軀體症狀」，引發的原因有一百種，有時甚至沒有原因，就是機率問題。

雖然原因不明，但醫生說是可治的，這是好消息，但需要靜養和耐心。所以我們只能等待，不確定它哪天就消失了。

在這裡，最大的問題就是「不確定」。你也體會到了，真正影響你的不是耳鳴本身，而是「不知道它什麼時候會消失」的這份不確定。為了讓你感覺好一點，你要在等待的過程中，找些快樂的事，甚至可以是趁著耳鳴才能做的事，把耳鳴的這段時間變得不那麼難熬。

比如，利用這段時間盡情表達委屈和憤怒。

我猜你在生活中，一定很少有機會表達這些感受。健康的時候不會刻意聲張，只有在生病的情況下，它們才是被允許的、情有可原的。你可以藉此機會，讓自己暴躁一點，每天拒絕一些你不想做的事，開罵那些你看不慣的人，或者單純地表達你不開心，享受別人的安慰。只要解釋一下你的身體狀況，這些事大家都能理解。

你試試看，有點爽。或者你還能找到別的方法，讓耳鳴的這段時間變得不那麼難熬。堅持七天，看耳鳴帶來的痛苦會不會少一點？

◆ 回饋

如您所猜測的，在日常生活裡，我的確很難有機會表達憤怒和委屈。即便是在生病的狀態下，在您提出這樣的嘗試之前提下，我也意識到自己很難「自由」地表達這些情緒。

星期一晚上，我鼓足勇氣發了一次火，我告訴父親，我實

在不想聽他再說有關耳鳴的事了，因為很煩。其實還有後半段我沒有講出來，就是他鋪天蓋地的「關心」，讓我感到焦慮和壓抑。

當晚有點作用，父親不再嘮叨。但是第二天，在我以為終於熬完一個療程（十五天）的時候，那種讓我不知所措的「關心」又來了：父親說再繼續做五天針灸。於是，我一邊打點滴一邊委屈地哭了，只是想到李老師的建議，好像哭的時候少了一點愧疚感。

有時候我也在想，為什麼不能強硬一點，拒絕這樣的安排。但轉念一想，除了憤怒之外，其實還摻雜著一些心疼，父親已經夠累了，我怎麼可能再狠心說不要。

耳鳴引起的煩躁，已經超過了我自己可以調節的負荷，父親的過度關心，只會讓我更加崩潰。我試著表達這些憤怒和委屈，最後都化成周遭的人無法理解的淚。坦白講，我有點難以運用李老師關於「盡情表達」的建議。

既然不能暢快地表達憤怒和委屈，我繼續思考什麼事情可以讓我不那麼難熬。想了半天，當前的階段，竟然只有和學習相關的事，才能讓我體驗到快樂（太瞎了！）。

上個月因為物理治療和靜脈注射，學習進度幾乎為零，手上一切原地踏步。雖然遵照醫囑不能過度勞累，但朝著目標前進，我才能體驗到那種踏實的快樂啊。因為耳朵，我已經好久沒有這種感覺了。

我發現，父親一提出新的治療方法，我的情緒就比較激動。

總有一種「被迫」的感覺,「被迫」去看新的醫生,這種「被迫」讓我想要反抗。然而我又會對新的醫生有一些期待,期待新的治療方法真的能解決我的困境。更深處,我還會有一種恐懼和擔憂,擔心再次失望和浪費時間。

這些想法和情緒,圍繞著「去或不去」,擰成一個解不開的結,所以父親的建議就像一個開關,他一按,我就陷入情緒的漩渦之中。剛剛整理好的心情又亂掉了。

回頭看了看這幾天的紀錄,感覺的確有些頹廢,有點抱歉呈現這樣的回饋。 如果說不存在唯一的真實,我只能保證這份回饋足夠真誠。

最後,我在等待的過程中,的確做了一些貌似有益的嘗試。例如,我一邊打點滴,一邊看完了以前總想要看卻沒看的兩本書,以及改掉了多年的晚睡習慣,現在十點左右就有了睡意。

最後的最後,非常感謝松蔚老師的建議,期待接下來找到更多快樂的事情。

複盤

很多症狀雖然是生理性的,但在我們的文化裡,它卻有一種人際關係上的意義,就是難得的表達拒絕或宣洩負面情緒的出口。有一些不好意思推卻的要求,無力滿足的期待,或是疲倦了渴望休息,希望受到照顧的脆弱,在正常的人際規則下難

以啟齒，加一句「我最近不舒服」，就變得順理成章。

　　一般來說，一個人在人際關係中，越是有「聽話、守規矩」的壓力，就越需要生病這樣的非常規管道，讓自己放鬆一下（當然了，也不是想生病就能生），這大概算是一種因禍得福。生病雖然痛苦，有時候也無助，但除了接受醫學治療之外，也不妨當作從人際網路的重重束縛裡透一口氣。

　　這也帶來一個負面的影響，它讓生病這件事變得「重要」。除了身體確定無疑的那些不適，也許它還會被有意無意地放大、突出。

　　所以我把這篇問答，也收錄在人際關係的章節裡。我猜個案的「煩躁」，未必全是病痛引起的，可能也有一些來自關係中的積壓（比如來信中反覆提到的學習，以及看病時有「被迫」的感受），有一些感受只能在生病的時候才有表達的機會。有出口是好的。不過，是否要在這個出口上借題發揮，放大生病的影響，是個人的選擇——個案沒有選。

　　選或不選都沒關係。重要的是，透過這個覺察，身體的病痛和關係中的煩躁就區分開來。就讓身體的事歸身體，人際的事歸人際。這樣一來，雖然未必對治病有什麼幫助，至少會讓病痛這件事變得不那麼重要。

一年後的第二份回饋

不知不覺，一年過去了。

雖然還耳鳴，但是它對我的心情、學習和生活的影響微乎其微，我已經很久都沒有刻意摀住耳朵，去辨別到底它的聲音變大還是變小了。我的生活彷彿沒有耳鳴一般，該做什麼就做什麼，甚至還是會戴耳機、還是會熬夜，但再也沒有一年前的那種恐慌了。

我想，我已經和我的耳鳴握手言和，和平相處啦。

非常感謝松蔚老師一年前的建議，喜歡這些不同角度的思考！

改變的工具箱

● 允許 ●

人際關係中常常有這種情況，越是不准一個人做什麼事，他越是想做，衝動難以克制。但如果由他自己一個人做決定，權衡得失之後，就會在他舒適的程度停下來。以吃飯為例，一個人吃飽了，自然就停下筷子，假如不准他吃，他就會有更強的驅動力，無論多飽都想再吃一點。

我們在做某些事的時候，會把自己放在人際關係的框架裡。做事的意義不只在這件事本身，更關乎我們在人際中的位置。在那些被約束和被壓制的關係裡，人們做出一個違反規則的行為，也許只是為了證明「我可以」，即使這件事本身讓他痛苦。【01 所有人都討厭我】裡的個案，並不享受暴飲暴食，但當她想像別人用負面眼光來挑剔，或者施加了一個來自外部的禁令：你不該再暴飲暴食！那麼她不惜痛苦，也會加倍地那樣做。

要跳出這樣的氛圍，需要讓當事人知道「你可以」（哪怕一件事讓你痛苦，你也有權選擇），而這就會收到奇效。乍看之下有些冒險：不允許，他都控制不住，現在允許了，他不會

變本加厲嗎？現實是允許了，他也不想做了。在這裡我們改變了關係。一個人做出自我負責的決定，前提是他相信自己可以決定。沒有人站在對立面，做不做都是為了自己。

● 思維實驗 ●

有些變化，透過想像就可以發生。只要思考這樣的問題：「如果這麼做了，會怎麼樣？」它們是一些新奇的、從未嘗試的可能性。

不敢嘗試，但想一想總是可以的。重點是「會怎麼樣」，特別是在人際關係裡，別人會怎麼反應？要回答這個問題，就不能只是泛泛地說一句「這不行」「太胡鬧了，別人都在笑我」「糟透了」，還要想想：「究竟有幾個人在笑我，是什麼情形？」「會不會有人根本不在乎？」「哪些地方反映出糟透了？」──這樣就必須把自己放置在真實的人際背景裡，去推導一個行為引起的連鎖效應。如果它造成不好的結果，我們要透過想像評估具體的損失是什麼，而不是情緒先行的一個結論。

說不定這樣想完，就會覺得：「其實也還好。」

這就是一種改變。這種改變幾乎不需要任何成本（甚至不用真的去做，因為頭腦裡對這件事的判斷已經變了）。所以有事沒事，就把那些自己已經定下結論的事拿出來，「不可能」「不應該」，無論多斬釘截鐵，都不妨在大腦的實驗室裡複製一回：我們不在乎它在現實中該不該做，只是假設做了，看看

會帶來哪些結果。想著想著，說不定結論就變了。

結論變了，我們在關係中的位置也就變了。

● 授權 ●

授權的原理是，你出於某種目的，讓出一部分主動權，允許別人替你做決定。你當然也知道，這項許可是你授予的，假如你不樂意，還可以再收回來（就像老闆總是說「放手去做」，但他不會真的因此失去控制權）。所以意識到授權，也就意識到「最根本的權力在自己手裡」。

在一段非強制性的關係裡，嚴格來說，別人對你做的事，都包含了你自身的授權。我們抱怨自己受到某個人的影響，看起來身不由己，但我們知道本質上，還是你授權了對方在這件事上的影響力。也許這影響恰好是你想要，又有些糾結的（比如，被老闆「逼」著衝業績）。

上述這種情況，我們其實是在「利用」這段關係，做出既符合自身利益的事，又可以聲稱這非出自本意，萬一搞砸了，也可以說「都是他害的」（這當然是我的小人之心）。【06 如何走出討好模式？】的個案就發現，很多她拒絕不掉的事情，其實也是自己想做的，對方只是外包出去，負責提供點子的「供應商」。

這樣說，當然也有人不高興。他們並未意識到自己能夠授權並且收回，所以相信「我之所以那樣做，完全是因為對方」，就像【04 學會如何放手】中的那位母親：「完全是因為女兒不

聽我的，我只能難過。」在這種情況下，授權的理論會讓他們
意識到：「我可以選擇，因為最終拿主意的還是我自己。」

● 問題引發的人際變化 ●

　　一些明顯被看作「問題」或「病態」的行為，會導致人際
關係的變化，同時某些變化是有好處的，倒不一定是傳統意義
上的好壞。如【07 身體症狀與人際關係】裡不明原因的耳鳴，
讓人在受苦的同時，也有了合情合理發火的權利。

　　又如【03 住在孤獨的城堡裡】的閉門不出，雖然一個人悶
悶不樂，卻規避了人際關係中更大的風險。這些好處不見得是
導致問題的起因（當事人自己也很痛苦，所以不是有意識地自
討苦吃），但可以有效減輕問題帶給他們的羞恥感。

　　用系統治療的語言，就會說這些問題是「有功能的」。有
功能的問題當然也是問題。不過它給了我們一個不同的干預方
向——如果確實帶來人際關係中的好處，這些好處是可以被保
留的，同時更直截了當。

　　譬如，如果生病就能拒絕自己不想做的事，不妨試著直接
用語言表達拒絕。這樣一來，問題的人際功能被取代了，它就
縮小成只是「問題」本身。根據我的經驗，這個小小的變化，
可以讓問題的改善大大加速。世界上有太多問題，看起來是個
體層面的，卻和他人的關係有千絲萬縷的聯繫。好的人際關係
不一定治病，但祕而不宣的人際訴求，卻足以讓問題越陷越深。

後記 打破慣性的一小步

對於本書中的干預方法，清華大學的劉丹副教授和我做了多次技術反思和複盤。以下是一部分討論內容的實錄，希望有助於大家理解案例背後的思考。

我給的建議可能是錯的

李松蔚： 我到底想幹什麼？我自己先說。想把這個東西拿來出書，是因為我自己複盤了過去這些年寫過的文字，這部分相對來說是最有價值的。

劉　丹： 嗯，有什麼價值？

李松蔚： 前些年大部分的東西都是在翻譯。德國人教的系統治療，我會翻譯成讀者、心理學愛好者能聽懂的內容，但是沒什麼原創性，基本上只是把我學到的傳達給別人聽。這些年裡我真正有原創的部分，就是網路上的干預。表面看是一個幾百字的、很濃縮的包裝，把改釋、悖論干預、隱喻式的催眠，甚至我以前受到的行為治療訓練都合在一起，有點像系統治療裡面的「結尾干預」環節，但是更精華，力

量更聚焦。

劉　丹：嗯，系統治療的結尾干預，先做積極的評價，然後給建議，要個案做一些事。

李松蔚：但實際上，這麼大的力量打出去都沒用。因為系統論一直講「穩態」（變數不隨時間而變化），很多人在網路上提問的時候，其實都是在一個穩態裡，眾多千絲萬縷的力量維持著他的「不變」。他提問只是要一個建議，但要來的建議也不是為了改變……

劉　丹：而是為了證明自己無法改變。

李松蔚：對，為了證明無法改變。所以提供的建議要有分寸，既要對抗這個穩態，又不能明著來，得順著它一點。外面看上去都和以前一樣，但裡面的邏輯轉變一點。有點像汽車減速的過程，踩下煞車的一瞬間，車還在往前走，那個瞬間的速度還沒變，但是加速度在變。這是一種很隱蔽的變化，第二序的變化，脫離了第一序的慣性。

這裡就要用到改釋了。就好比〈無法填補的缺憾〉這個案例：個案對孩子發脾氣，宣洩完又自我攻擊，我如果讓她不發脾氣，那是沒有用的。我打不破她自我攻擊的穩態。於是我就說，你這一周可以連續發脾氣，因為在想念爸爸，同時我請她找張紙畫「正」字，每對孩子發一次火，就畫上一筆。

劉　丹：你請她畫上一筆，這是重要的變化，跟以前單純發脾氣就不一樣了。

對。這個動作不是像行為治療那樣，每發一次脾氣，就拿橡皮筋彈手腕懲罰一下自己。這樣做在對抗原來的慣性，需要建立很強的信任才行，僅僅在網路上給一段文字的話，她應該不會去試。而我的建議是順著她來，接住慣性，然後往前走一小步，把這一步變成具體的動作，對方就願意去做了。我覺得這是有原創價值的。

劉　丹：你這個東西已經形成一個套路了。

李松蔚：是。這個套路我覺得是有推廣意義的，傳統的心理治療是在一對一治療的語境裡面，需要建立穩定的治療關係。要是作為心理學家隨便提提建議，很多人就不會聽，可能聽懂了也做不到。現在我找到了一種成本更低的方式，就是走一小步，5%的改變是他可以做到的，那就5%。100%的改變很好，但是做不到，50%也不行，要找到最小但能做到的那一步。所以我厚顏無恥地要求個案給我回饋，不管回饋是什麼……

劉　丹：其實就是以結果來驅動，這一點是最大的不一樣。你把回饋放在第一位，透過回饋，才知道哪些工作是有用的，哪些工作是自我欣賞但對別人沒有幫助的。

李松蔚：對，我和很多心理諮商師不一樣的地方是，我寫微信公眾號。這跟其他所有傳統媒體的寫作都不一樣。文章發出去之後，一個小時之內就會獲得很多回饋，立刻便能看到讀者都接收到了什麼。所以有一點我太清楚了，就是我說的話、寫的東西，會被如何曲解和誤解。

比方我評論一則新聞，本來想透過這件事介紹一個心理學觀點，但如果一個讀者強烈地代入自己的情緒，他就看不到你說的這些。他會說，你就是為了給那個誰「洗白」。所以我太知道了，我想表達什麼根本不重要，對方想看到什麼才是最重要的。

劉　丹：它是你「保命」的方式。

李松蔚：比如今天做諮商，我對個案說了一句話，那句話把我自己感動到了（笑），但我不會認為這句話他一定會記住、一定會有我所期待的反應。因為他注意到的很可能根本不是這句，而是別的。這是寫公眾號時，立刻能看到的事情，我發出的資訊，有80%都消散了，對面的人只抓住他認為重要的20%，然後按他的理解，自動腦補了剩下的80%。所以我想儘量對那個人產生影響，辦法只能是使用他自己系統裡的東西。

劉　丹：我猜這也是親子矛盾的一個重要原因。因為傳統的溝通是不需要收到精準回饋的，我們喜歡含蓄一點。所以大部分人就是在想像，想像著別人會怎麼看。

李松蔚：別人應該怎麼看。

劉　丹：對，然後父母在教育孩子時，也不聽孩子真實的回饋，只會想像孩子應該有什麼回饋。等過了一段時間孩子就放棄了，不再和父母進行這種交流。

李松蔚：交流也沒什麼用。孩子可能跟父母回饋說「我不喜歡你們講這句話」，或者「我不是你們看到的那樣」。但這個回

饋本身，包括給出回饋的孩子，都會被預設是有問題的。

劉　丹：對，是你有問題，所以才不接受我想教給你的東西。

李松蔚：我和一些講脫口秀的朋友交流過，他們說最開始去做脫口
　　　　秀表演的時候，一個困難點就是你會情不自禁地，為了
　　　　維護自己作為一個專業工作者的尊嚴，去貶低那些觀眾
　　　　（笑），像是：「這個場子的觀眾水準不高，他們不懂什
　　　　麼是喜劇。」

劉　丹：這些觀眾不入流。

李松蔚：對，所以才不笑，場子就冷了。表演的人一開始可能會去
　　　　貶低觀眾：「因為觀眾不行，我的表演才不成功。」什麼
　　　　時候他們才會取得進步呢？就是今天的場子冷了，但是你
　　　　明天還得講，後天繼續講，要一場一場接著講。而且票房
　　　　不佳這件事，是一個太強烈的痛苦，所以表演的人就會在
　　　　某個時刻開始想：「就算觀眾有問題，我也只有這些觀眾
　　　　了。先不管他們行不行，我要想辦法讓這些水準不高的觀
　　　　眾也能笑起來。」

劉　丹：根據他們的反應去調整自己。

李松蔚：這樣的話就會開始進步。有點像是數據驅動（data
　　　　driven），根據對方給我的回應，我再調整自己的工作方
　　　　式。前提就是先接受觀眾，接受我要吃這行飯。

劉　丹：進化自己的技術。

李松蔚：我以前學做諮商的時候，有個說法叫個案「沒有心理學頭
　　　　腦」。諮商不順利，可以說是因為個案沒有心理學頭腦，

這樣就不能怪到我身上。但如果你要吃這行飯,就要想辦法把一些話,講到讓這些沒有心理學頭腦的人願意聽,而且有效果。

劉　丹：你說的這個非常重要。它改變了很多事情。我女兒邀我上網看影片,我看了說:「啊,為什麼有這麼多彈幕?」她說:「我們就是來看彈幕的。」今天的年輕人也看四大名著,但他們是一邊看彈幕一邊看四大名著的。我們何曾有過看名著的同時,還能看到別人對它的回饋呢?沒有。有了這種即時回饋,生態就會替代得特別快。(編註:彈幕是指觀看視頻時彈出的評論字幕。)

前幾天我幫我二姨買衣服,她千叮嚀萬囑咐,說要多長多大的,不要買錯。我說:「你知道嗎?現在變得很簡單,不合適就裝回袋子裡,明天快遞會來拿。」我二姨說:「太麻煩了。」我說:「你聽我說,這件事已經變得很簡單了,就是你不喜歡,就裝回袋子裡,明天有人會來拿。」她完全不能想像。過去就是,你做一個決定是不能錯的,做了就要接受它。但現在就是你有任何錯,隨時都可以調整,隨時都可以改變。

李松蔚：對,這是我想說的另外一點,它是靈活的。我給的建議可能是錯的,可能你試過了發現沒有用,沒關係,沒有用就變嘛。因為它的成本很低,就是一個實驗,而且很快地出現結果。所以哪怕失敗了也是一種成功。因為你成功地了解了自己一點,下次就知道要怎麼做更好。所以我把它叫

作「實驗」，作為實驗，就沒有失敗這一說。

寫公眾號的經驗，讓你做的這個干預，或者叫網路準諮商，就成了一個新的東西。

有效的干預，要沒有異物感

李松蔚：這些干預裡面，有你覺得有趣的地方嗎？

劉　丹：基本上我都覺得不僅有趣，而且很高妙。

李松蔚：這是我請你來的主要目的，因為我不方便自誇。請你多講一點！

劉　丹：兩個核心點吧。一個就是你用了 90 ％的力氣，在做 joining（融入），即認同他。哪怕個案極端不想工作、極端煩躁、極端人際衝突什麼的，你給的回饋第一部分全部都是正常化，「你已經這樣了」，對吧？

李松蔚：沒錯。

劉　丹：嗯嗯，這部分是很重要且成功的。前提是 joining，然後第二點就是，特別特別小的，tiny（微小）， tiny，tiny，tiny，little change，微小的變化。前幾天你轉給我看的那個《自然—物理學》（Nature Physics）的研究，如何透過擾動一個非常小的節點，來恢復一個失功能的複雜系統。那裡面提出了一個兩步走的策略：先是重建結構，然後激發。重建結構這一步，我覺得就是你做的 joining，在那個失功能的行為附近，建立了很多新的連結。你做的這些支

援、認同、積極賦義,都是圍繞在這個點,讓它建立一個新的結構,這就是第一步。第二步你再激發。然後這個點的激發就會帶來連鎖效應,啟動整體的狀態,系統功能便恢復了。我覺得這個研究,可以作為你這些實驗的原理。

李松蔚:這是我的技術核心,這麼容易就被看出來了。(笑)

劉　丹:特別有說服力。

李松蔚:我要自誇一下,你說的那個啟動,我是下了功夫的。我在過去那些經典干預的基礎上,與時俱進了一點。比如〈跨不出第一步〉這個例子,我請她寫簡歷,每天寫幾分鐘,寫完刪掉。這個干預其實是有一個藍本的,就是 MRI(心智研究所)短程治療小組做過的那個:讓人寫簡歷,寫完不發出去。我在這裡把它改成刪掉。「刪掉」是一個動作,和「不發出去」相比,有一種更明確的啟動感覺。「不發出去」是一種陰性的表達,就是不做什麼事情,那麼她就只能一直想著不這麼做……

劉　丹:你還是增加了她的自我效能感。

李松蔚:對,我讓她做的是一個動作,在電腦上,無論如何要點一下滑鼠。操作也很簡單,大概只要一秒鐘,但那一秒鐘是會有衝擊的,是有一些體驗在裡面的。

劉　丹:真是厲害。「刪除」這個動作你說的是與時俱進,我覺得更像米爾頓‧艾瑞克森(Milton Erickson)說的那句「Experience can be very informative.」(經驗會帶有豐富的資訊。)(編註:米爾頓‧艾瑞克森被喻為現代催眠之父,

是位精神科醫生，也是心理學家，是醫療催眠、家庭治療及短期策略心理治療的權威。）

李松蔚：對。我每次回覆時，都會絞盡腦汁去設計一個體驗。哪怕只有一秒鐘，或者他完全都不變，外觀看上去什麼都沒有改變，可是他內在有那麼一點點的震盪，觸及了那個最小的、可覺知的改變點。那裡面是有強烈體驗的。

劉　丹：嗯，你說的與時俱進是什麼意思呢？

李松蔚：這就是技術的進步了。因為在電腦上的刪除是有一條「活路」的，她發現她可以寫完刪掉，但只要不清空回收筒，就可以一鍵復原。

劉　丹：那說明你給的策略還是不夠通透，應該刪掉再把它清空一下？

李松蔚：你覺得如果讓她徹底粉碎了會更好？

劉　丹：我現在想到的就是要量身訂製，有的人是順從型，有的人是對抗型。順從型的人就要給他留一個機會，對抗型的人即使讓他徹底粉碎了，他可能就不按你說的做。

李松蔚：這個點其實是我正在考慮的，我相對比較缺乏的東西。就是我現在跟別人的融入，joining 的這一塊我已經做得很多了，可能有一點過多……

劉　丹：但是你缺少米紐慶那個挑戰的部分。（編註：薩爾瓦多·米紐慶是家族治療師。阿根廷人，發展出結構性家族治療。）

李松蔚：對，有的時候我希望跟對方在一個風和日麗、大家都點著頭說「有道理，我會試試看」的氛圍下，去實現改變。但

是我不敢（太挑戰）——艾瑞克森就會做這樣的事，把病人（退役的飛行員）的勳章還是什麼直接扔到垃圾桶裡——對方會因為強烈的憤怒或者是被挑戰，就往另外一個方向走。

劉　丹：個案可以完全不理你（治療師）。

李松蔚：對，我現在不太敢做這方面的嘗試，亦不敢挑戰別人，特別是正在痛苦中的人，我覺得也可能和公眾號這種溝通形式有關。因為不是我跟他一對一交流，還有其他人會圍觀。

劉　丹：對，爭議會太大。

李松蔚：還是說案例吧，有沒有你覺得印象深刻的例子？

劉　丹：吃東西的這個案例〈是家人的要求，還是自己的需要？〉。你請她做一個統計，有一部分是為她自己吃的，還有一部分是為了別人吃的。透過一個簡單的分類，把不同的意義分開了。這個很有趣。那個動作夠小，變化也夠小，小到所有人都可以做到，同時在這個干預裡面，又有極大的接納和尊重。就是作為一個諮商關係，她體會到你理解她、支持她。首先是一個很大的托舉動作，然後要求了一個很小的改變。

李松蔚：還有一部分就是觀察。僅僅是看著自己這幾天吃什麼，但實際上就是換了一個層級，我還在做我原來那個所謂的問題行為，但我已經不是在原來那個不自覺的狀態裡了。其實就引入一個更高的視角。包括剛剛說的那個分類，讓她去做分類的時候……

劉　　丹：她一旦開始分類，就不是在分類了。

　　　　　嗯，但是我在觀察這個技術上也推進了一步。如果純粹讓
　　　　　她只是觀察，她接收不到那是一個指令，是要她做這麼一
　　　　　件事，她不知道怎麼做，就會覺得我什麼都沒給。我只是
　　　　　讓她接納這個問題。那麼她就會像原來一樣，繼續想辦法
　　　　　搞各種事，繼續焦慮。她跳不出來，又回到原來的層級上。
　　　　　我發現觀察效果比較好的，都是因為我替她安排了一個特
　　　　　殊的任務，像是畫一張表格，自己去填寫，或者統計一個
　　　　　數字。總之就是必須做點什麼。

劉　　丹：這樣把觀察藏到一個具體的動作裡，她才會進入觀察的狀
　　　　　態。

李松蔚：嗯嗯。

劉　　丹：還有一個案例我印象比較深。我發現你對他們的文本讀得
　　　　　非常細，會用他們的原始資料。如〈一周只想工作一天〉，
　　　　　提問的人說他一周只有小組會議前一天才會準備科研，然
　　　　　後你就說成七分之一的時間，一周只做一天科研。

李松蔚：對，他是說他六天都沒做，而我是說，你做了一天。

劉　　丹：這應該叫作什麼？又是一句艾瑞克森的話：「When you
　　　　　look at things, look at them.」（當你看事情的時候，要看
　　　　　著它們。）你是真的在看他說的細節。

李松蔚：這其實是從你這裡學來的，叫什麼？「Something old,
　　　　　something new.」（舊的東西，新的東西。）如果要給對
　　　　　方一些新的東西，最好用他自己的原材料組織起來，減少

「排斥反應」。「一天」這個點是他沒辦法「抵賴」的，因為是他自己提供的。

劉　丹：是，有很多人在學，但你非常非常精準地使用，一點都沒有走樣。就像在那個回饋裡有個人誇你說，你總是能在很多敘述當中，找到那個重要的點，這就是你的能力。這個七分之一的複盤就是這樣。個案敘述自己一周中，每天是怎麼過的，最後一天開小組會議，會議前怎麼把它做完……他是在一個分散的敘事狀態裡面，但你會非常精準地把它抓出來。

李松蔚：就是因為我注意到排斥反應。我有一個朋友在做腦機介面（brain-computer interface），他說現在只要像 OK 蹦這麼大的一個貼片，貼在額頭上，就可以測量很多電生理的指標了。其實技術核心早就有了，像李維榕老師他們做的那個研究，將人綁上一大堆儀器，再坐下來，用儀器監測家庭對話過程中的數據變化。現在就只要在額頭上貼一個小貼片，很小，很輕，沒有任何感覺，貼一下就好了。

我現在覺得把一個東西變小變輕也很重要。以前覺得從無到有，才是有價值的，有了之後，你把它做得更輕便，好像只是一種優化，沒有質的差異。但現在我意識到這件事，同樣也是一種飛躍。我給的這些干預，如果說有效的話，其中很重要的一個因素，就是干預的分量。（編註：李維榕老師，乃聞名國際的結構派家庭治療創始人米紐慶唯一的華人入室弟子。）

劉　　丹：特別特別輕。在前期做了好大的鋪陳，再讓它做一個小動作。

李松蔚：對。所以感覺不到，沒有什麼異物感。在未來的一周當中，不會覺得生活和之前比較有什麼變化。我請她寫完一點簡歷就趕快刪掉，只需幾分鐘，而且刪掉這個動作，也是從她的敘事裡來的。刪掉害怕的事物，剩下的時間她還是追劇，該做什麼就做什麼。

劉　　丹：排斥反應很小。

李松蔚：對，慣性這個東西真的很厲害。我做一件事情，知道它會很痛苦，但是「我知道」它會很痛苦，這就是一個隱形的好處。因為「我知道」，對我來說就是確定的，所以寧願在那個確定的、陳舊的反應裡，一遍一遍一遍一遍地……

劉　　丹：什麼寧願呀，那就是神經已經定型了，神經系統就是往那個方向去的。

李松蔚：對對對，克服不了。所以如果給的新東西稍微大一點，和日常熟悉的東西距離遠一點，就是會被扔到一邊的。除非有像米紐慶那麼大的勁道，在現場直接引發一個新的反應，且在那個巨大的張力下還能堅持住……

劉　　丹：（諮商師）有那個勁道，也一定是要對方有那個力量。

改變從哪裡來？

劉　　丹：我覺得我們現在還是只說了一面。穩定性是一面，人也會

求變化。他寫信來，願意寫那麼長，然後你給他一個建議時他願意做，說明他是有想要改變的動力。那些讓他失敗的東西是什麼呢？什麼東西會讓他變不了，或者讓他變了之後又退回來？你用的是「穩態」的解釋，我現在想到的是另一點，就是把他放在一個矛盾的系統當中。這個系統中有很多人，也包括他的超我，強烈地希望他有改變。然後他也要跟那些部分對抗。

李松蔚：你是從關係的那個層面上來理解對吧？關係的層面上，他保持自己不變，某種意義上是在保持自己的主動權、自主性。

劉　丹：對，所以你記不記得剛開始的時候我提醒你，你問他「一周之後看看有沒有好轉」，這就暴露了你的意圖。「一周之後看看怎麼樣」就好一點，他就沒有對抗的著力點。

李松蔚：還是要中立。

劉　丹：因為要求他改變的常常是超我，還有很多的權威，包括諮商師，這些人大部分是否認或者是打擊本我，所以他有這樣一個關係上的動力。

李松蔚：這裡很複雜，我覺得一部分有個案和自己想像中的諮商師的關係，比如他可能會覺得諮商師不夠尊重我，在評論我的生活方式，等等。這跟他過去的經歷和客體關係有關。但是放到網路的語境裡，我覺得還有一個部分是，在某種意義上，我扮演一個「公共發聲者」的角色。

所以有的人還有一個動力，就是不想成為「公共」的一部

分，不想讓自己變成一個符合權威理論的存在。如果我表現得太迫切想讓他變好，對他來說，「保持不變」這件事情反而多一份意義。這個意義就是：我不是你想像的那麼簡單，我不好糊弄，且比你預想的那個樣子要複雜得多。

劉　丹：那我覺得，回到武志紅常用的「看見」這個詞，我覺得這個詞也滿好。提問的人可能就是想讓你看到他的處境，看到他的困難。（編註：武志紅，資深心理諮商師兼心理學暢銷作家。）

李松蔚：很多回饋裡面，會看到他們很想要表達。有人寫了幾千字的回饋，最後成書的時候只能留下一部分。你想，那麼長的回饋，我覺得他不只是在回應那一個具體的問題，而是藉這個機會讓自己更多一點被看到。

劉　丹：承認他的處境是複雜的、有挑戰的，改變是困難的。這是在一個中立的立場上。

李松蔚：在諮商裡叫中立，但是我在具體操作的時候，經常就會把它變成「不確定」。一旦我承認說，我不知道你是怎麼想的，或者我承認這個事情超出我能理解的程度，對他來講，他就已經感覺自己被看見了，也不會在這點上和我對抗。

劉　丹：是。對抗的時候就是你沒看見他，你只看見自己的假想和解釋。

李松蔚：我覺得自己今年變化比較大的一點，是我常說「我不知道」。我給他一個想法，緊跟著說，這只是我的想法，我

不知道你會不會同意，你也可能有完全不一樣的想法。最近的例子就是〈我知道該節制飲食，卻一直吃個不停〉，個案吃很多東西，但她有嚴重的糖尿病，不應該吃那麼多。我對她的一個理解就是，吃東西這件事對她而言，就是人生的樂趣，意義之所在。現在她為了健康不能再這麼吃了，但接下來的問題，就是如果她不能這麼吃了……

劉　　丹：她的樂趣是什麼？

李松蔚：對，對，然後我說我也不知道。我給她建議，請她考慮研發一些特殊的食譜，減少糖量，對身體沒那麼多負擔，同時美味。但是我不知道這件事情，她是否會覺得有意義。我就一直在反覆強調我不知道。

最後她的回覆頗為有趣。她寫了幾段，一段說她現在確實在研究這件事，什麼樣的吃法比較健康又讓人有飽腹感，而另一段是說，她在思考要去做一些兒童福利方面的工作。她喜歡小孩子，她說那個部分才是她的意義。她前一封來信，完全沒有提到這部分的思考，就讓我以為說：哦，吃東西這件事就是她的全部。

劉　　丹：給未知留有空間。

李松蔚：對，本來我已經寫完回覆，但在發表之前想到，不行，我要把我的回覆改得不那麼確定一點。

劉　　丹：實際上，當你反覆說不知道的時候，就是啟動了她……

李松蔚：她就會開始去想，然後在回覆裡面，說自己在思考這個問題。這是一個很大的問題。也許是被「我不知道」啟動了。

這是我今年覺得自己有進步的地方，我會說「不知道」了。

劉　　丹：你不是主角，對方才是主角。

李松蔚：像〈不想加班的我該辭職嗎？〉這個案例，兩年後又給了
　　　　　一個回饋。我現在特別喜歡這種長間隔的回饋。時間長一
　　　　　點，就會看到我的力量沒什麼用，她往哪裡去都是系統的
　　　　　決定。

　　　　　她問要不要換工作，在提問時完全搞不清方向。我請她蒐
　　　　　集家人的意見，她去問了家人，最後也還是沒想清楚。但
　　　　　過了兩年她回饋說：現在回了老家，換了一份工作，這份
　　　　　工作恰到好處地符合兩年前的那個調查，幾乎吻合了每個
　　　　　人的期望。看到這種回饋，我甚至會有一種震撼。幾年的
　　　　　時間跨度，竟然有更大的主題浮現出來，類似於像是命運
　　　　　或者什麼……

劉　　丹：派遣、代際傳遞。（編註：代際傳遞是指上一代的心理特
　　　　　徵或相關能力和行為，傳遞給下一代的社會現象。）

李松蔚：對，類似這樣的東西。它需要在以年為單位的跨度上面，
　　　　　一個人或者一個系統進入另外一個生命周期的時候，答案
　　　　　才會浮現出來。一個水落石出的過程。

劉　　丹：你把這個寫上去。

李松蔚：寫了。我最近對這個體會特別多。上次中德班我們看的案
　　　　　例，已經跨越了六年還是幾年。六年前家庭裡爭得不可開
　　　　　交的一些問題，覺得不可能有解決方案的問題，六年後發
　　　　　現，結局其實早就被安排好了，這個結局剛好也回應了當

時所有的聲音。（編註：中德班是德國與中國合作，在中國多所大學開辦的心理諮商師培訓計畫。）

劉　　丹：是，有時候是諮商師太自戀了。

李松蔚：好多問題必須放在一個大的時間量尺上去看，家庭的，甚至是更大的生命周期。再回過頭來看這些問題：睡不好、拖延、對工作不滿意……這些問題就根本不是現在的樣子，而是更大的故事其中一部分。就像一組樂曲終了，下一組樂曲開始之前，中間那段轉換的時間，聽起來怎麼突然變了，調子不一樣了，是演奏出了什麼問題嗎？大家都很著急，包括諮商師：怎麼辦？怎麼回到之前的狀態？其實只要耐心等一等，就會發現沒什麼問題，只是下面一段開始了。

劉　　丹：這對你的自戀有打擊嗎？

李松蔚：我過了這個階段了。它是讓我想到類似於《百年孤寂》這樣的小說，那種讓人震驚的時間畫卷，不是一時一地、一城一池的東西，它遠遠超出了個人的力量。

劉　　丹：我想起艾瑞克森做的兩個個案，有一個是女性個案，臉上長了疣，諮商師請她回去每天泡三次腳。過了兩年她再回來，已經忘了這件事，疣也不見了。還有一個是男孩子臉上長了粉刺，艾瑞克森請他媽媽帶他去旅行，旅行的時候把鏡子都藏起來。其實他去旅行，觀看不同的風景，本身就有治療的效果。很難說這到底是干預帶來的改變，還是時間帶來的改變、生命周期發生的變化……

李松蔚：剛才這個案例，我請個案做一張表格，去問每個家人的意見。其實家人說什麼，可能都不重要。因為她後來回饋說在提問的時候，已經做了要辭職的決定。但那個時候她必須做一點事情，如果什麼都不做，也許在那個時間點上，她會不知所措。

劉　丹：這個決定太大了。

李松蔚：對，她做了一些事情之後，會有一點安心，然後過兩年她回頭看，就發現真正推進改變的力量不是我，而是時間。我只不過是在那段時間扶了她一把。

劉　丹：剛才說統計，你總共做了多少例？有多少拿到回饋？有多少回饋是好的？

李松蔚：現在一共做了一百多例，一百二十多吧。拿到回饋的大概占四分之三，好的回饋不方便說，因為我也不確定什麼就是好的。

劉　丹：還是可以確定的，可以用質性研究的方式做編碼。

李松蔚：大部分回饋的人都會說謝謝李老師，你的建議對我有啟發，然後說接下來他有哪些變化。但是他的變化可能和我的建議有關係，也可能完全無關，甚至可能是反著做，也可能我給建議的時候，早預料到他會反著做⋯⋯這怎麼編碼呢？

劉　丹：還是可以做文本分析，就用這些簡單的標籤。

李松蔚：糖尿病這篇，我就不知道怎麼編碼。你看她的回覆，很神奇的是，她周一看了這個回答，周二就嘔吐了一場，而且

是很劇烈地嘔吐。她說她都驚呆了，沒想到自己能吐出那麼多東西。我其實也驚呆了，我不認為這和我寫的東西有任何關係，但確實發生了。所以這個統計應該把它算進去嗎？算有效的干預嗎？

劉　丹：有一次 S 老師督導的時候，W 去上廁所，他說他是為自己上的廁所……你當時在嗎？

李松蔚：（笑）好像在。

劉　丹：（笑）我想想，你這個是什麼，你這個是反向作用。就是你過於喜悅了，然後要掩飾自己的喜悅。

李松蔚：我拒絕聽你這些動力學的解釋。你現在怎麼變得這麼動力學？

劉　丹：因為這是你不擅長的呀，你沒話說了吧。好，我想說的是，它是在那個場域裡面發生的事情，要優先把它解釋成和這個場域有關係。而你呢，自戀地把它拿出去，剔除一個數據，就顯得大公無私嘛。這就暴露了你要嘛是無私，要嘛就是有意在掩飾一些事情。

我從你的導師錢銘怡那裡學到很重要的一件事情，就是我寫博士論文編量表的時候，拿掉一道宗教的題目，她問我為什麼把它拿掉？我說在中國人的生活裡，這個宗教的經驗特別少。她說你不能這樣，你不能憑一己的意志把它拿掉。我還是挺受教的。

李松蔚：錢老師閃光的時刻。

劉　丹：我覺得那是對的。你這個干預就是強烈的效果啊。

李松蔚：這是一個在客觀上呈現的強烈效果，但在主觀上我沒有能力做出解釋，或者迄今為止，沒有得到一個能讓我信服的解釋。我只想接受那些我能解釋的效果。

劉　丹：那你可以把這個部分單獨放在裡面，寫上：我不能解釋這個結果。然後邀請讀者解釋。或者放一些解釋，寫上：這是我不贊同的解釋。是吧？那很吸引人。你把所有不能解釋的全都放在書裡面，就發現這些章節最受歡迎，甚至是最重要的。你不是「給未知留空間」嗎？

腦袋伸進來，腳還在門外

劉　丹：我們在講你作為一個實驗者，一個諮商師身分的實驗者之進化，你能感覺到這裡面，有什麼不同的階段嗎？

李松蔚：其實是有的。最早的那個階段我是在求新，那時我眼中有一個非常明確的對手，就是「陳舊的模式」——穩態。不管穩態是什麼，反正它就是問題。我那時候受米紐慶的影響也很深。他一直在說，要讓個案去挑戰，去嘗試一些新的東西。所以我那個階段有點「故作驚人之語」，我一定要你知道你的看法是錯的，有一些新的可能性你要去探索。那時候我還做過一個嘗試，即是做非常短的問答，我也不要回饋，就用一兩句話回答你的問題。那些回答下面很多人都在讚嘆，說腦洞大開。我覺得可能對旁觀者來說確實有啟發，因為它能夠在一個人習慣建構的視角之外，原地

李松蔚：轉身，給出一個完全相反的建構。

劉　丹：那是非常有觀賞價值的。

李松蔚：對，那個時候就是「求新」。其實當時得到的回饋比較少，很多人可能看了就覺得「你說得很厲害，但是跟我沒什麼關係」。

劉　丹：是的。

李松蔚：然後第二個階段我放鬆一點了，有了中立的意識。當時的中立就是，我說了什麼不重要，關鍵是你要去做，你要做點不一樣的事。我覺得是有那樣的一個……

劉　丹：所謂的「中立」。

李松蔚：對，就是我刻意去表現，我沒有在影響你。在那個階段裡面，我對人的接納程度是有增加的。我就不停地去說，你自己有答案，你得做點什麼。往哪個方向都可以，哪怕你說已經嘗試過，然後覺得還是原來的路子最適合自己，OK，那是你的自由。

劉　丹：一下子把所有的權力都交給他。

李松蔚：現在我也是這麼想的，權力是他的，但我不會一下子放手不管。那樣給對方的感覺太陌生了。人要在熟悉的狀態下才會有改變，所以我會做更多的連結。我會理解他現在的狀態，也會建議他可以做點什麼，而且很具體。在行動的分寸和尺度上，我變得更精細了。每個干預的每一句話我都會琢磨，寫完之後，我還會把自己放在那個讀者的位置上再讀一遍。

劉　丹：試著融入讀者的感受。

李松蔚：對，如果讀到哪句話，覺得「李老師好像在暗示我什麼」，
　　　　我就會停下來，把那句話稍作修改。如〈對於失去的，我
　　　　總是不甘心〉這個案例裡，個案就覺得「李老師希望我放
　　　　下」。這是我沒做好的。雖然我只是說「你可以不放下，
　　　　也可以放下」，但這句話的勁道還是大了。對方就會覺得
　　　　這是一種隱晦的說法，在否認她現在的生活態度。

　　　　現在我作為一個讀者讀到這裡，就會說「不行」。我要和
　　　　她完全站在一起，變成「可能有的人會建議你放下，但我
　　　　覺得，你現在這樣也完全沒問題啊。它對你來說也許是一
　　　　種精明的策略。」

劉　丹：這是跟弗里茨・西蒙（Fritz Simon）學的。

李松蔚：嗯，我現在回去讀他的《循環提問》，發現有很多對話細
　　　　節還是挺值得學習的。他會說「你肯定有你的道理，但我
　　　　沒搞懂，可能是我太笨了。」就是又笨拙，又很仗義。不
　　　　是那種冷冰冰地說「你看著辦」。他可能很無知，但態度
　　　　上是支持的。你就不是孤軍奮戰的感覺，怎麼做都好，反
　　　　正有一個傻乎乎的治療師會陪著你試錯。

劉　丹：你把要說的話寫出來，再看一遍，相當於讓自己有機會聽
李松蔚：一下這個干預是什麼感覺。這個還挺重要的。

　　　　我有一個做自媒體的朋友，她每次寫完文章之後，會代入
　　　　一個什麼樣的讀者角度呢？就是我很不耐煩，我只想打
　　　　《王者榮耀》，我現在隨便看一眼手機，除非標題特別吸

引我才會點開，第一行讀著有意思才會看第二行……那個心態就是「我隨時打算放棄」。在這種狀況下還能把它看完，這篇文章才可以 po 出去。

劉　丹：批判性閱讀。

李松蔚：對，我有借鑑她的方式。我不能假設一個讀者焚香沐浴，已經準備好接受一些新鮮認知了，再讀我的回答。那樣的人只有 1%。我需要想像自己是這麼一個讀者，確實想改變，但又一肚子氣，非常不耐煩看到專家的說教，總覺得你們那些話，是站著說話不腰疼，根本不了解我。在這種情況下，如果我還能接受這個干預，它才是可以發表的。

劉　丹：這個方法非常好。你這個叫「阻抗性閱讀」。換一個位置，而且換的那個位置，可能不是一個已經做好準備改變自己的個案。

李松蔚：對，也許人家腦袋伸進來，腳還在門外，隨時準備跑。這也是我花了好幾年才接受的。我本來想，他們來都來了，總該是想跟我學點東西吧（笑）。現在知道，學習新的東西，就代表打破原來熟悉的東西，人們沒那麼容易想學新東西。

劉　丹：好為人師型人格障礙（笑）。現在我們也講得太多了，就停在這裡吧。

李松蔚：好。

| 感謝與致敬 |

　　本書中的大部分干預方法，脫胎於系統式心理治療
（Systemic Psychotherapy），這是一門以系統論為核心的心理
治療流派。如果說書裡某些干預具有靈光乍現或是獨闢蹊徑的
探索價值，首先歸功於無數在系統論和系統式心理治療領域探
路的前輩大師們。

　　感謝心智研究所（Mental Research Institute, MRI）關於第
一序改變和第二序改變，以及引入控制論來研究人類互動的天
才創見；感謝肯尼斯・格根（Kenneth J. Gergen）提出的社會建
構主義，從哲學觀的維度推進了二階控制論的思考；感謝傑・
海利（Jay Haley）創立策略式心理干預，為「策略」在心理治
療中找到一席之地；感謝米爾頓・艾瑞克森運用不尋常的智慧，
在短程治療領域譜寫了讓人心悅誠服的傳奇；感謝弗里茨・西
蒙在《循環提問》一書中記載的奇思妙想，並最終透過「中德
班」、萬文鵬教授、趙旭東教授，把系統式心理治療的思想引
入中國。

有了以他們為代表的無數前人的努力，我才有機會做出一點延展，把他們的智慧濃縮為最小的擾動點，結合網路的互動性，探索一種更低成本的干預模式。

我還要特別感謝清華大學的劉丹老師。她是在系統式心理治療領域卓有成就的研究者和實踐者，也是將我帶入這一領域的引導人。無論是透過回饋驗證干預效果的創意，還是干預方案的打磨，甚至是把案例集結成書所需要的框架脈絡，都離不開她的點撥。

致敬每一位信任我的讀者。勇敢地留言寫下自己的問題，信任我的建議，耐心記錄生活的變化並願意發表出來的個案們，你們的勇氣自不待言。還有很多讀者同樣向我提問，卻因為我精力所限，沒有回覆，我要向你們表示歉意和同樣的敬意。

感謝所有透過我的公眾號關注這個項目的朋友，你們的存在增加了我堅持的動力。很多朋友都在案例後面寫下自己的感想，這些評論也會被個案認真閱讀。有意思的是，一些留言對他們的影響甚至大於我的建議。可以說，評論就是干預的一部分，所有留言的人都是協同干預者。

一個遺憾是，網路上的評論沒有收錄到本書中。有興趣的人，可以在微信公眾號「李松蔚」搜索「回饋實驗」專欄看到。在那裡也隨時歡迎你的留言，補充對案例的新想法。

只要改變 5%，
生活就有全新的可能

作　　者：李松蔚
責　　編：黃佳燕
封面設計：木木 LIN
內頁編排：王氏研創藝術有限公司

總 編 輯：林麗文
副 總 編：梁淑玲、黃佳燕
主　　編：高佩琳、賴秉薇、蕭歆儀
社群總監：祝子慧
行銷企畫：林彥伶、朱妍靜

社　　長：郭重興
發 行 人：曾大福
出　　版：幸福文化／
　　　　　遠足文化事業股份有限公司
地　　址：231 新北市新店區民權路
　　　　　108-1 號 8 樓
網　　址：https://www.facebook.com/
　　　　　happinessbookrep/
電　　話：(02) 2218-1417
傳　　真：(02) 2218-8057

發　　行：遠足文化事業股份有限公司
地　　址：231 新北市新店區民權路
　　　　　108-2 號 9 樓
電　　話：(02) 2218-1417
傳　　真：(02) 2218-1142
電　　郵：service@bookrep.com.tw
郵撥帳號：19504465
客服電話：0800-221-029
網　　址：www.bookrep.com.tw

法律顧問：華洋法律事務所　蘇文生律師
印　　刷：博創印藝文化事業有限公司
初版一刷：2023 年 05 月
定　　價：380 元

Printed in Taiwan
著作權所有侵犯必究
【特別聲明】有關本書中的言論內容，不
代表本公司／出版集團之立場與意見，
文責由作者自行承擔

只要改變 5%, 生活就有全新的可能 / 李松蔚著 . -- 初版 . -- 新北市 : 幸福文化出版社出版 : 遠足
文化事業股份有限公司發行 , 2023.05
ISBN 978-626-7311-06-6(平裝)
1.CST: 心理諮商 2.CST: 自我實現 3.CST: 自我肯定 4.CST: 個案研究
178.4　　112005628